piano

vocal

guitar

MIGHTY TO SAVE

30 OF TODAY'S MOST POWERFUL MODE... ...GS

ISBN 978-1-4234-5873-9

HAL•LEONARD®
CORPORATION
7777 W. BLUEMOUND RD. P.O. BOX 13819 MILWAUKEE, WI 53213

Visit Hal Leonard Online at
www.halleonard.com

CONTENTS

ALL THE EARTH WILL SING YOUR PRAISES

Words and Music by
PAUL BALOCHE

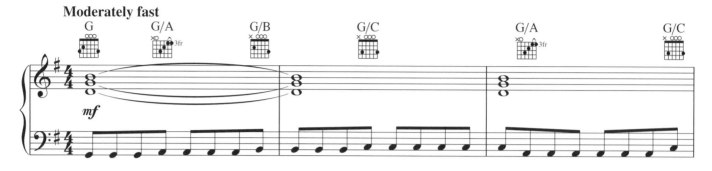

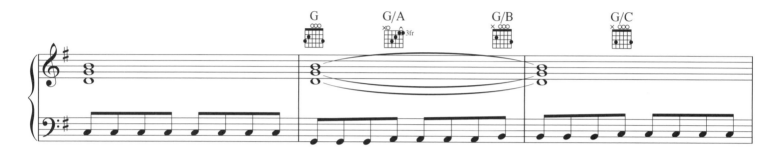

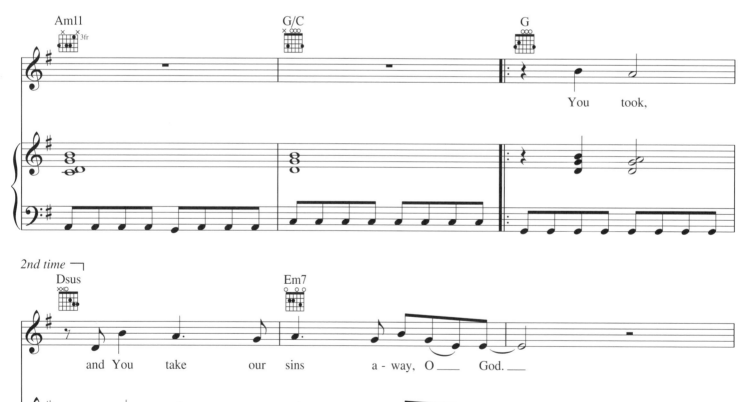

You took,

and You take our sins a-way, O___ God.___

cues: 2nd time

You give, You gave Your life a - way for ___ us. ___

___ You came down, You saved us

through the ___ cross. _____ Our hearts are

changed be - cause of Your great ___ love. _____

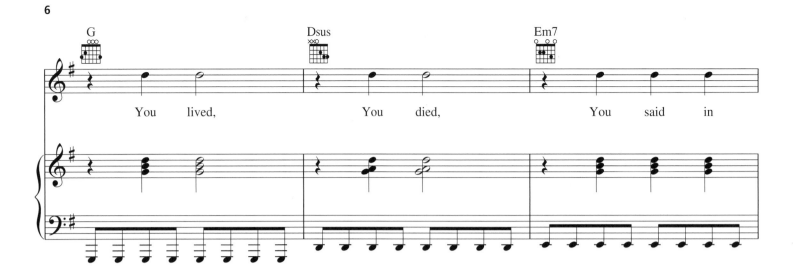

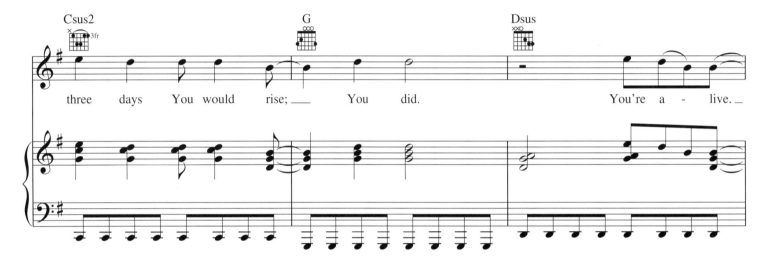

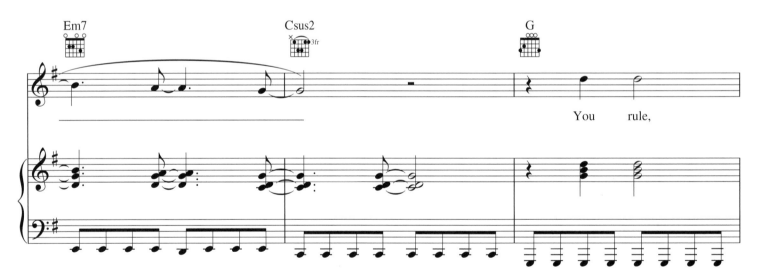

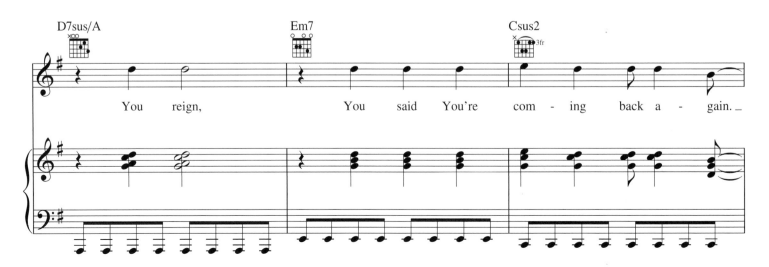

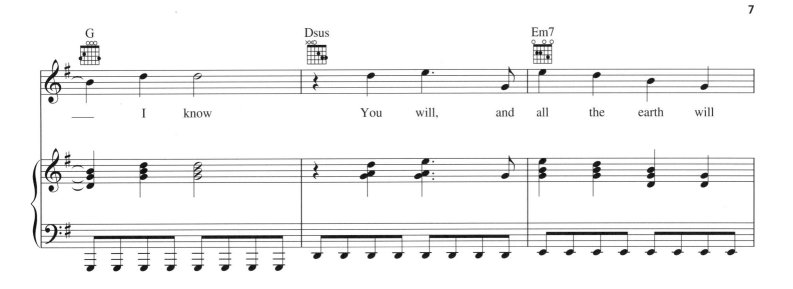

I know You will, and all the earth will

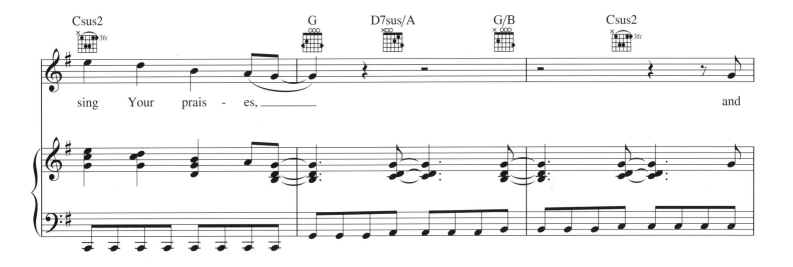

sing Your prais - es, _____ and

all the earth will sing Your prais - es. _____

And all the earth will sing Your prais - es. _____

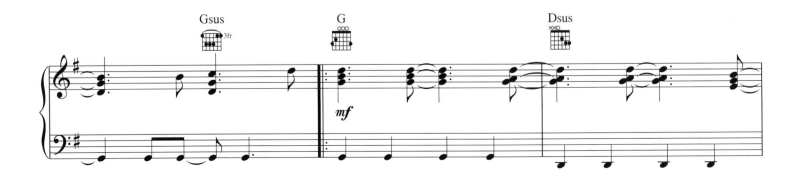

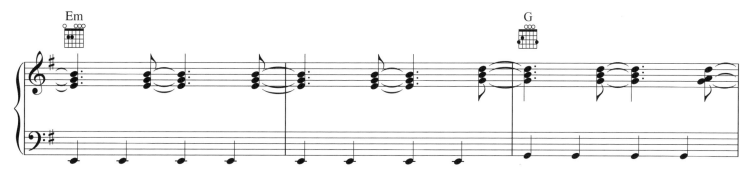

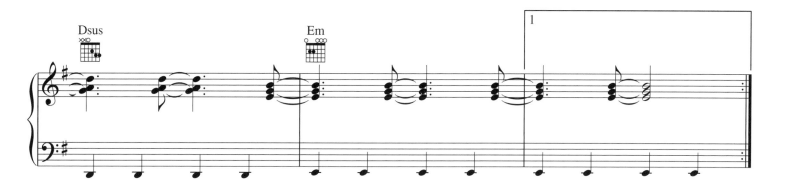

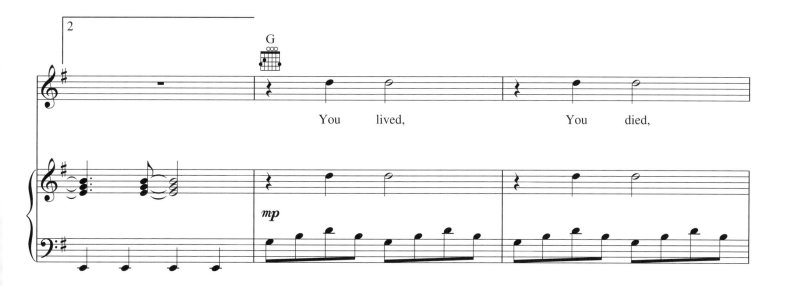

You lived, You died,

You said in three days You would rise; ___ You did.

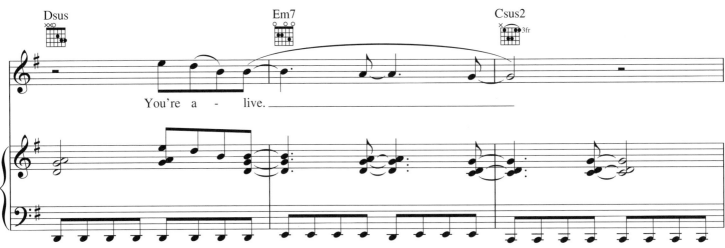

You're a - live. _____

You rule,   You reign,   You said You're

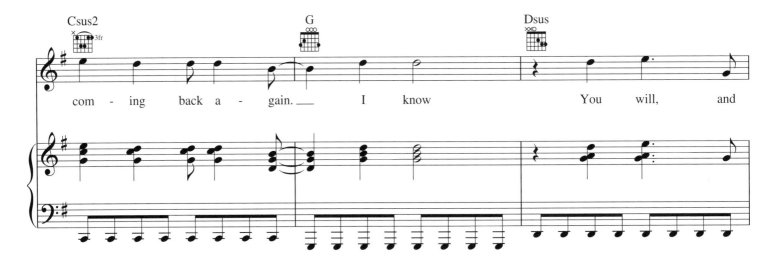

com - ing back a - gain. __ I know   You will, and

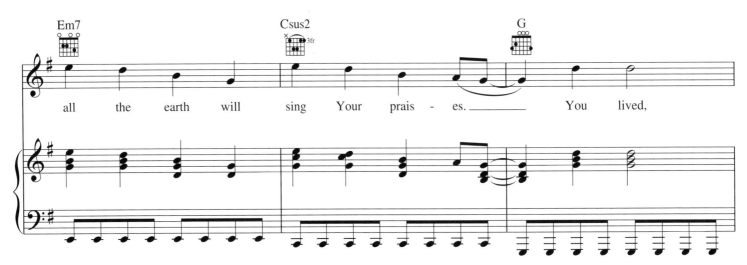

all   the   earth   will   sing   Your   prais - es. _____   You   lived,

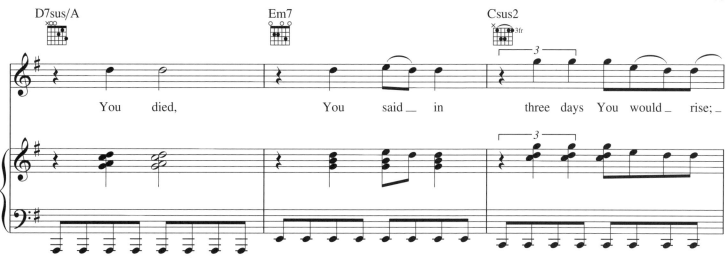

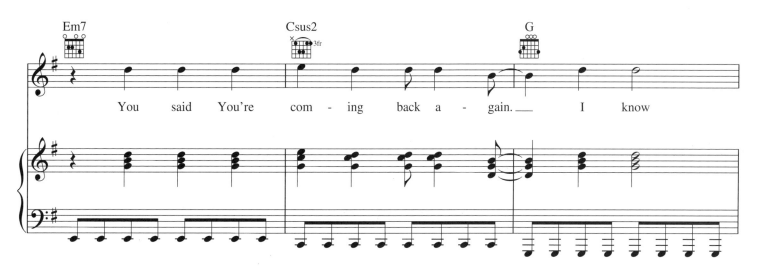

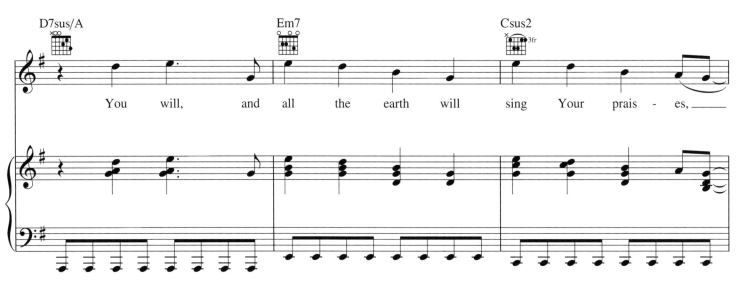

You will, and all the earth will sing Your prais - es, _____

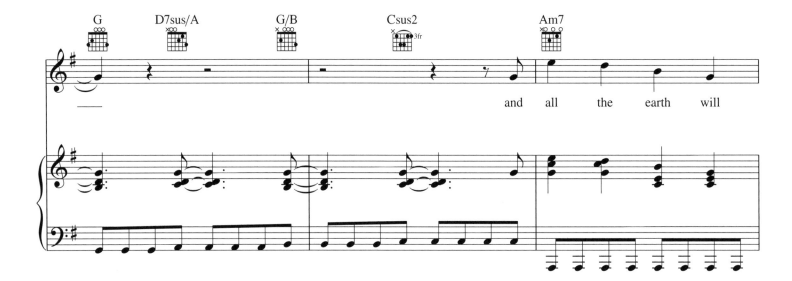

_____ and all the earth will

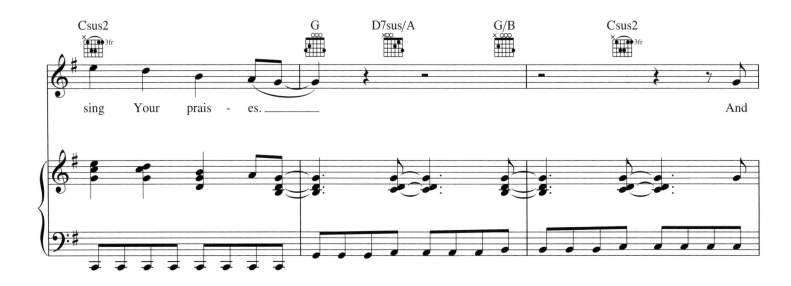

sing Your prais - es. _____ And

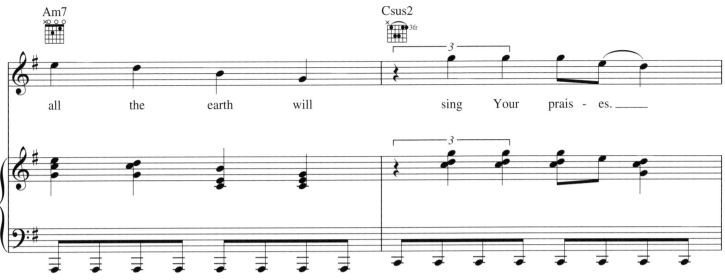

all the earth will sing Your prais - es. _____

And

all the earth will sing Your prais - es. _____

rit.

AT THE CROSS

Words and Music by REUBEN MORGAN
and DARLENE ZSCHECH

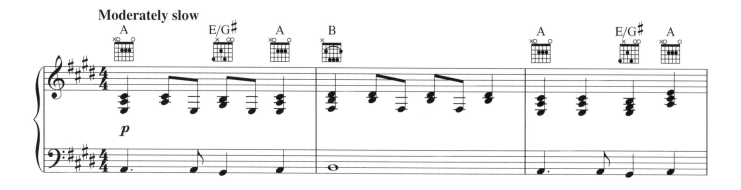

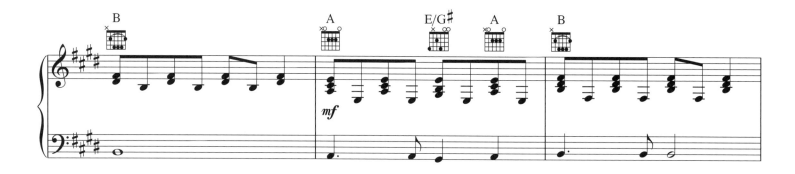

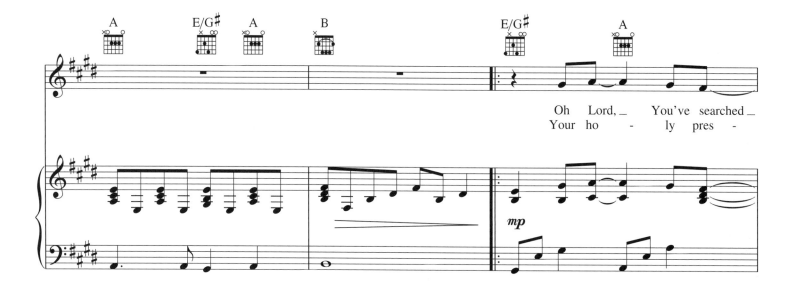

Oh Lord, __ You've searched __
Your ho - ly pres -

me, ___ You know ___ my way. ___
-ence ___ sur - round - ing me. ___

E - ven when ___ I fail ___ You, ___ I know ___ You
In ev - 'ry sea - son, ___ I know ___ You

1.
love me. ___

2.
love me. ___ I know ___ You

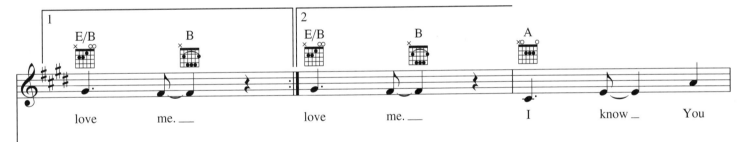

love me. ___ At the cross I bow my knee, where Your blood was shed for

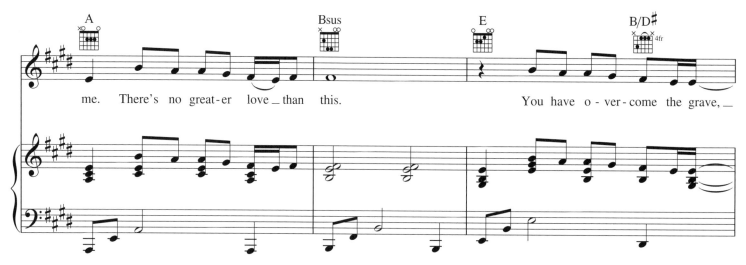

me. There's no great-er love _ than this. You have o - ver - come the grave, _

_ Your glo - ry fills the high-est place. What can sep - a - rate _ me now?

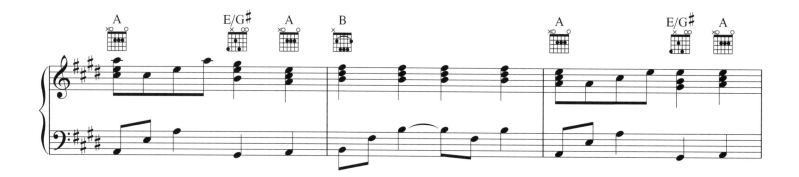

You go ___ be - fore ___ me, ___

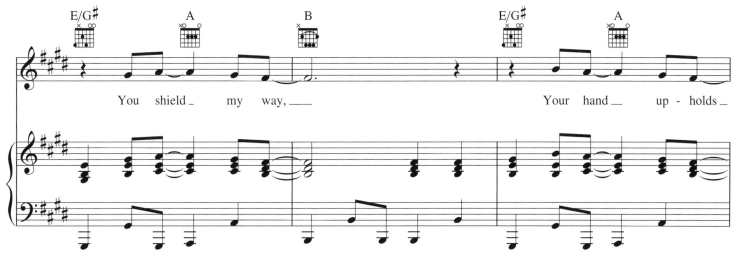

You shield _ my way, ___ Your hand _ up - holds _

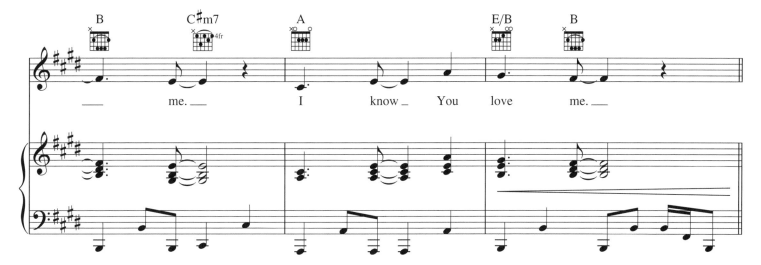

_ me. ___ I know _ You love me. ___

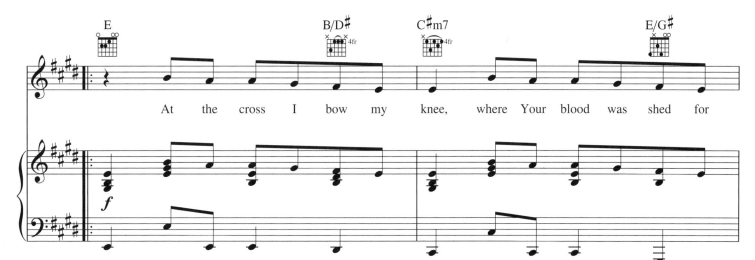

At the cross I bow my knee, where Your blood was shed for

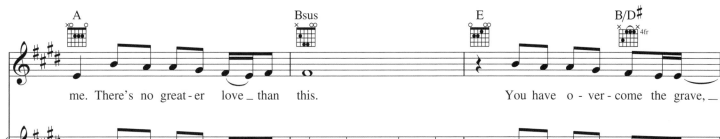

me. There's no great - er love _ than this.

You have o - ver - come the grave, _

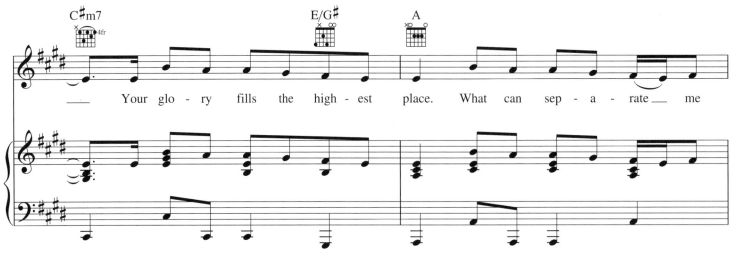

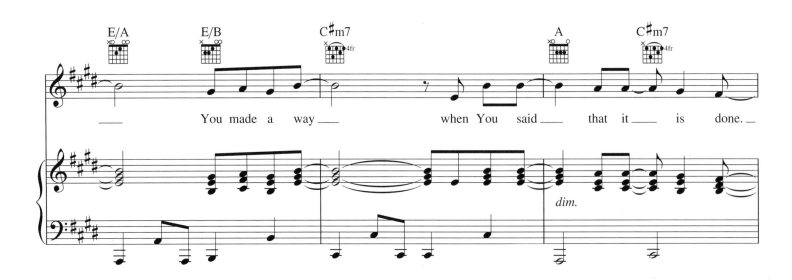

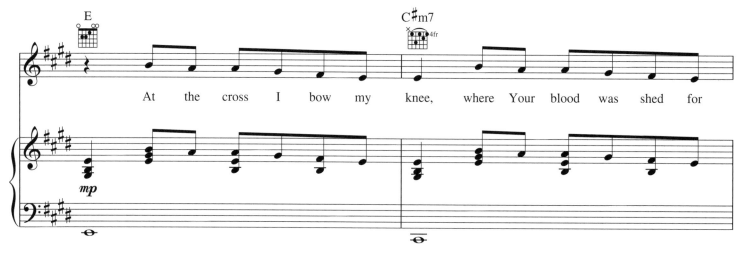

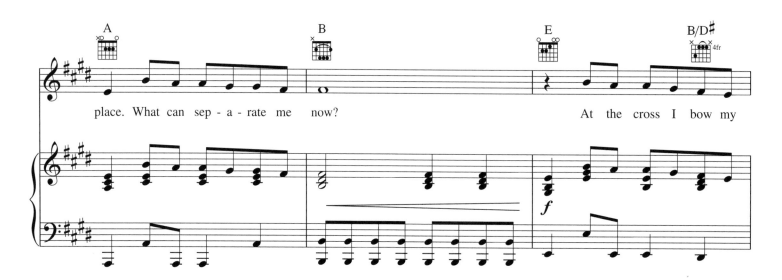

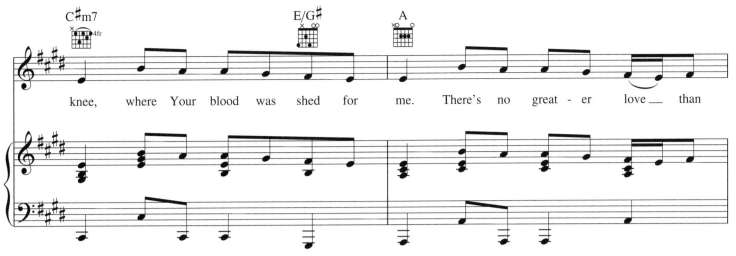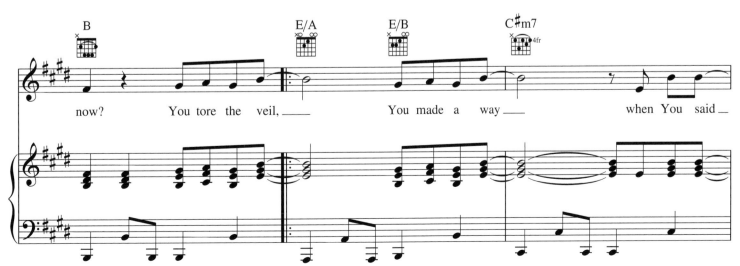

that it __ is done. __ You tore the veil, __ You made a way __

1

__ when You said __ that it __ is done. __ You tore the veil, __

2

__ when You said __ that it __ is done. __

dim.

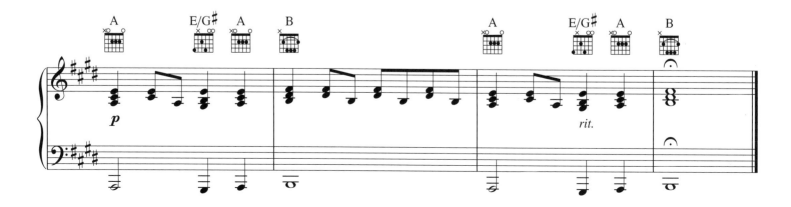

p

rit.

BEAUTY OF THE LORD

Words and Music by
JARED ANDERSON

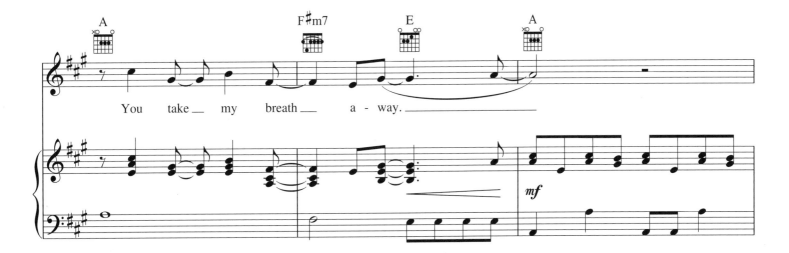

Je - sus, Your love _____ is one step clos - er. _____ I will trust _

You will nev - er let __ me go. _____

Je - sus, Your love _____ has won me o - ver. _____ All my trust _

has found no oth - er. _____ So I will de - clare _

the beau - ty of the Lord. _____ Noth - ing com - pares _____

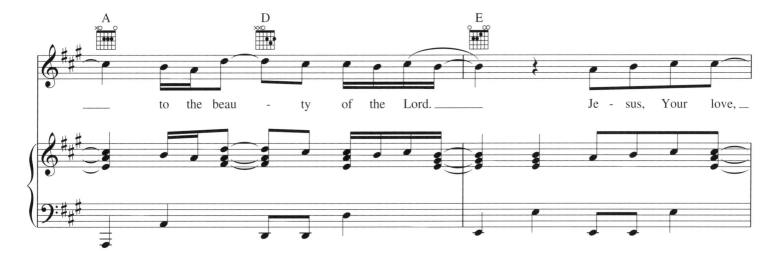

_____ to the beau - ty of the Lord. _____ Je - sus, Your love, _____

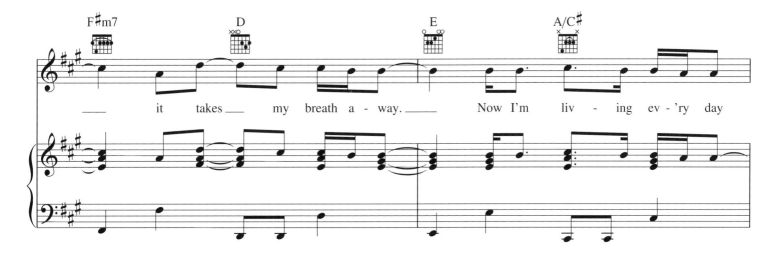

_____ it takes _____ my breath a - way. _____ Now I'm liv - ing ev - 'ry day

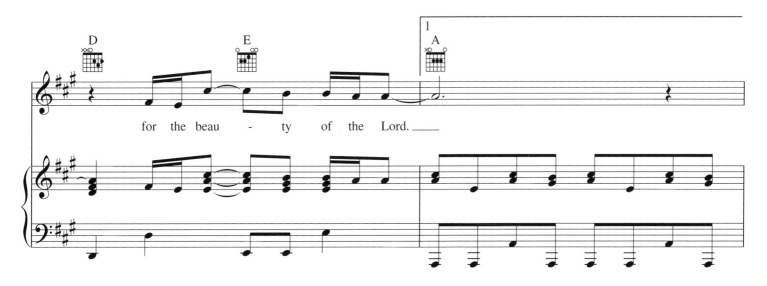

for the beau - ty of the Lord. _____

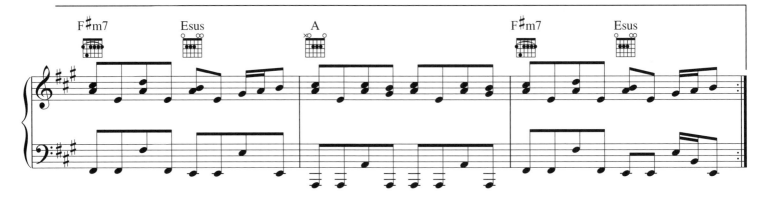

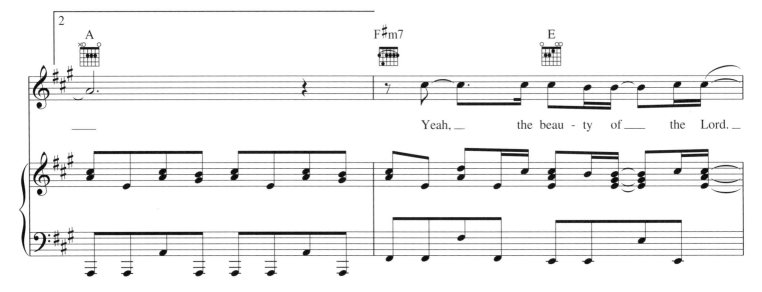

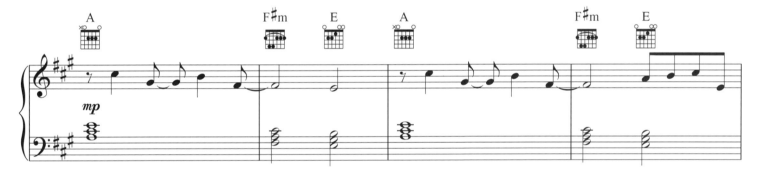

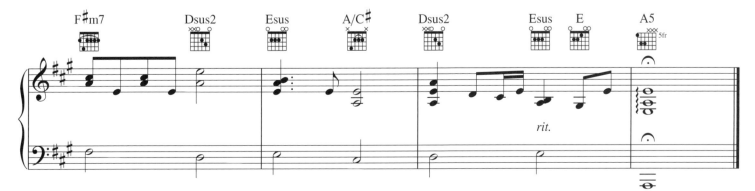

FOR ALL YOU'VE DONE

Words and Music by
REUBEN MORGAN

Up-tempo Rock

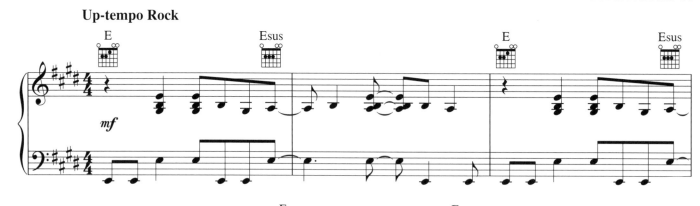

My Sav - ior, ___ Re - deem - er, ___

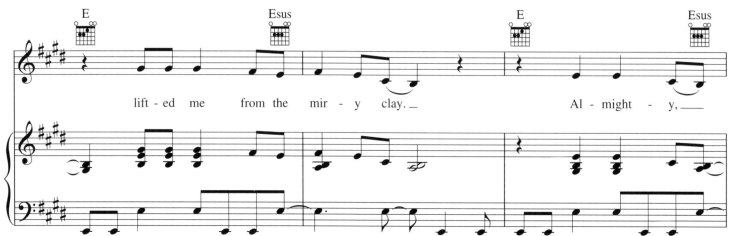

lift - ed me from the mir - y clay. ___ Al - might - y, ___

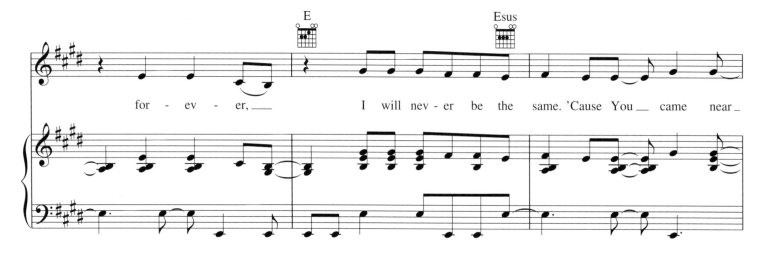

for - ev - er, ___ I will nev - er be the same. 'Cause You ___ came near ___

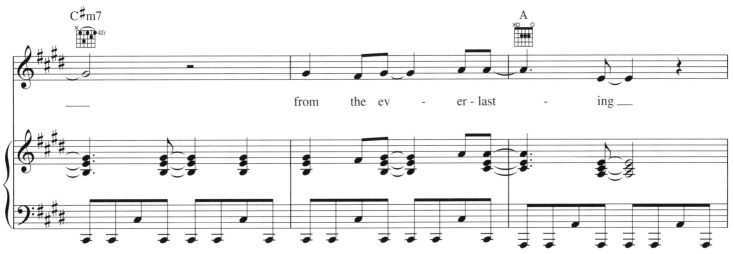

from the ev - er - last - ing

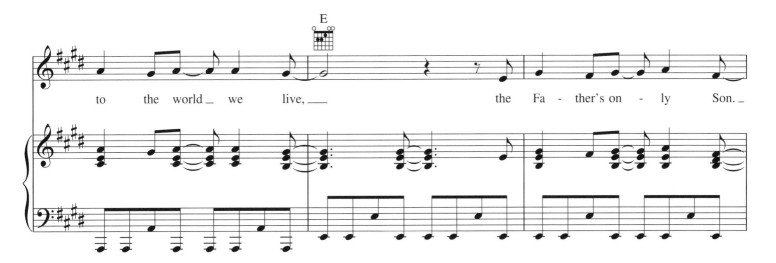

to the world __ we live, __ the Fa - ther's on - ly Son. __

You lived and You

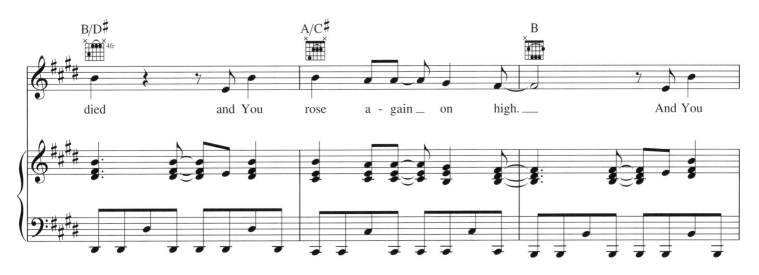

died and You rose a - gain __ on high. __ And You

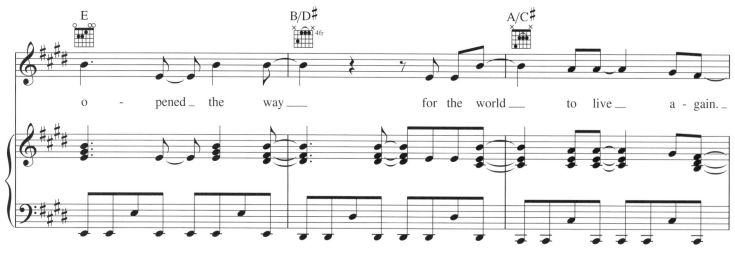

o - pened _ the way _ for the world _ to live _ a - gain. _

_ Hal - le - lu - jah, _ for all You've _

_ done. _

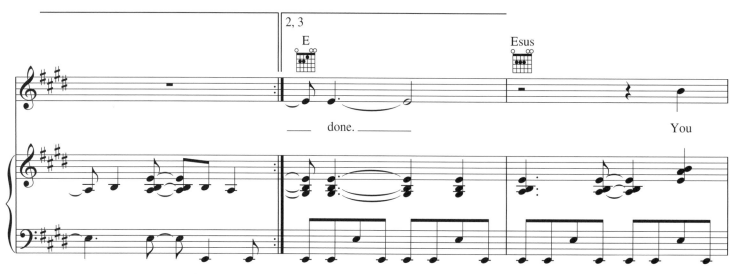

_ done. _ You

lived and You died and You rose a-gain on high.

And You o-pened the way for the world

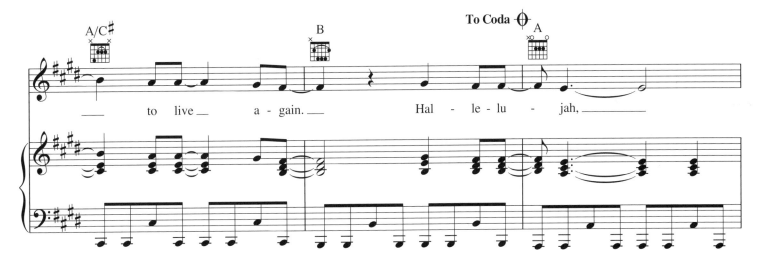

to live a-gain. Hal-le-lu-jah,

for all You've done.

(Vocal 1st time only)

32

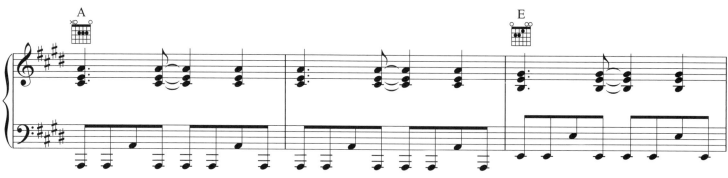

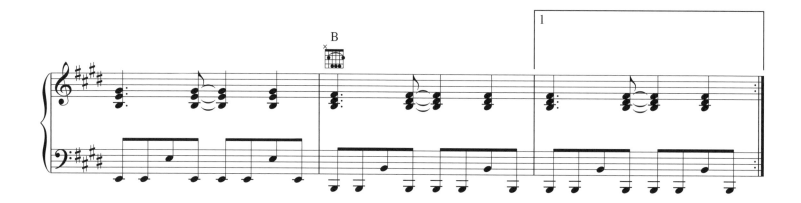

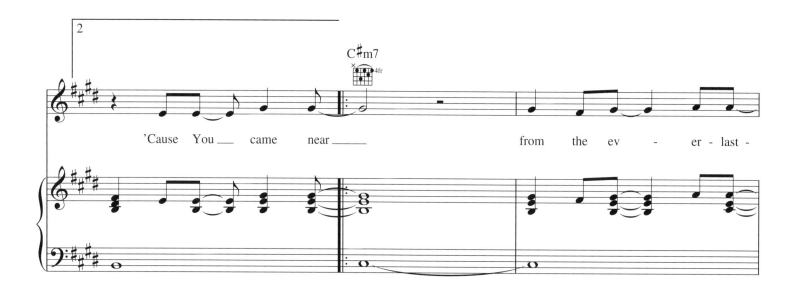

'Cause You came near from the ev - er - last -

- ing to the world we live, the

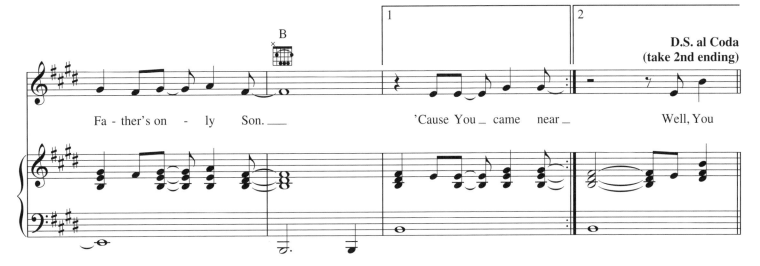

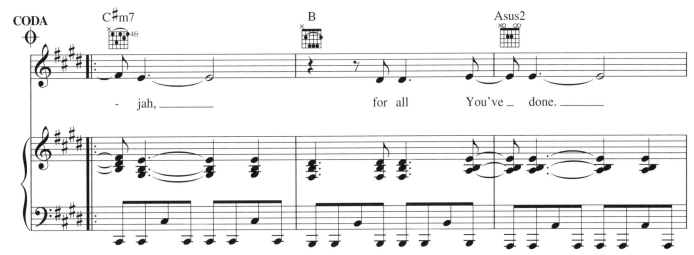

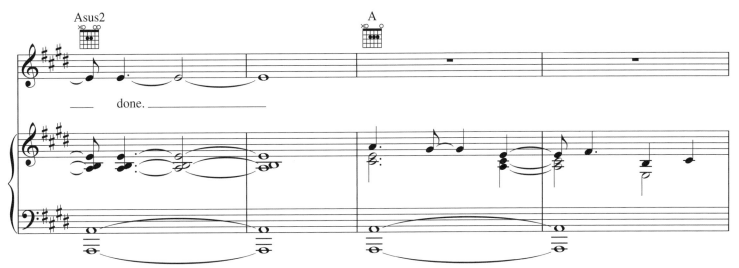

Hal - le - lu - jah, for all You've ____

done. Hal - le - lu - jah, for

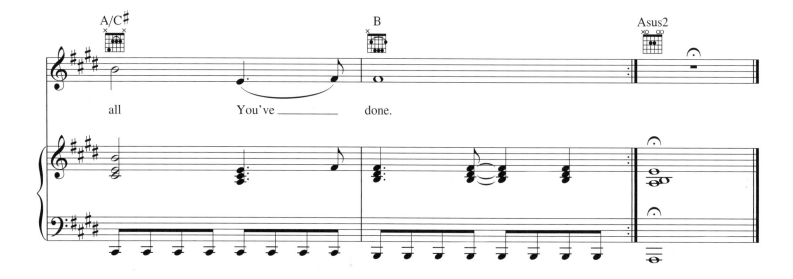

all You've ____ done.

FRIEND OF GOD

Words and Music by MICHAEL GUNGOR
and ISRAEL HOUGHTON

Moderate Rock beat

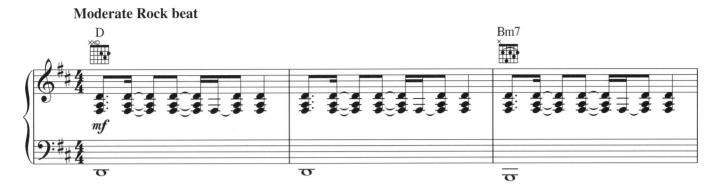

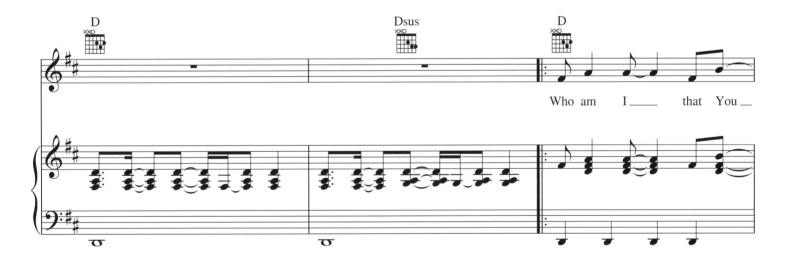

Who am I ___ that You ___

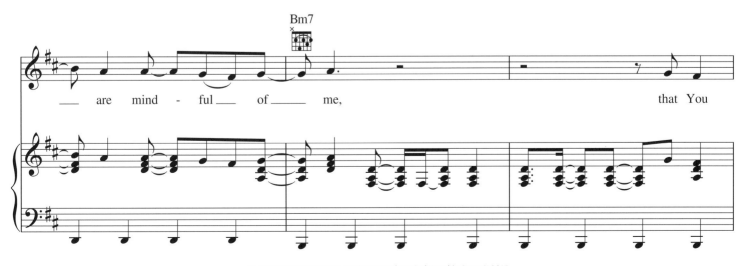

___ are mind - ful ___ of ___ me,

that You

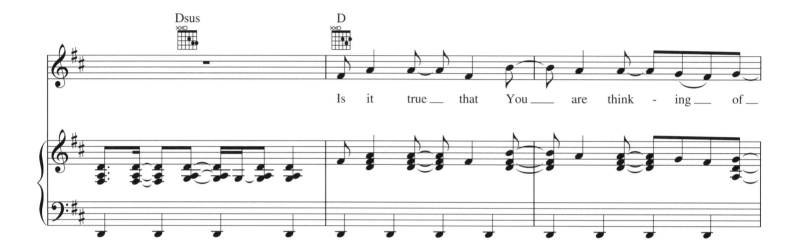

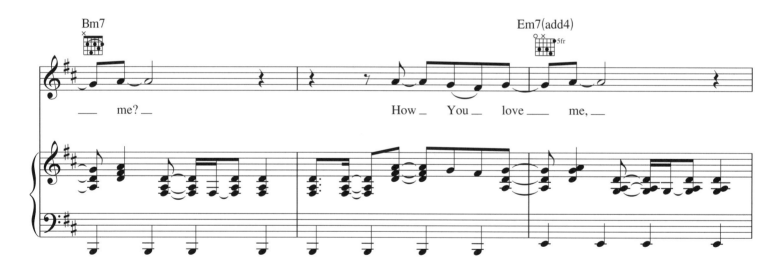

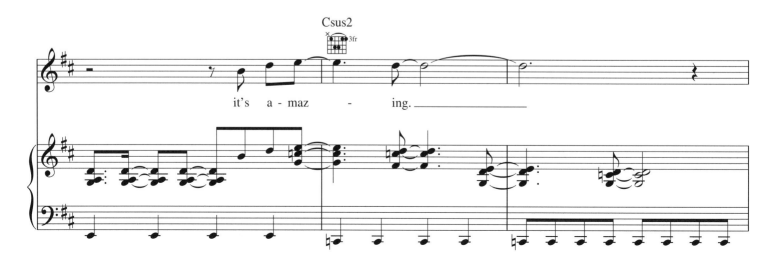

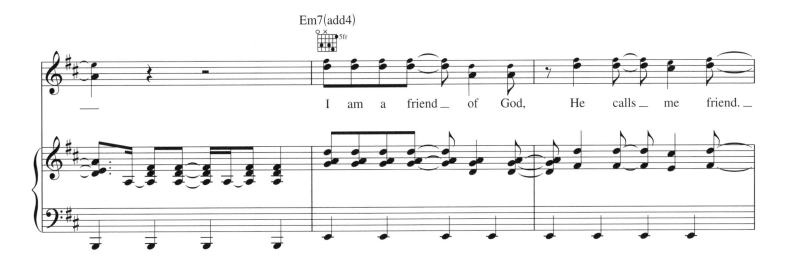

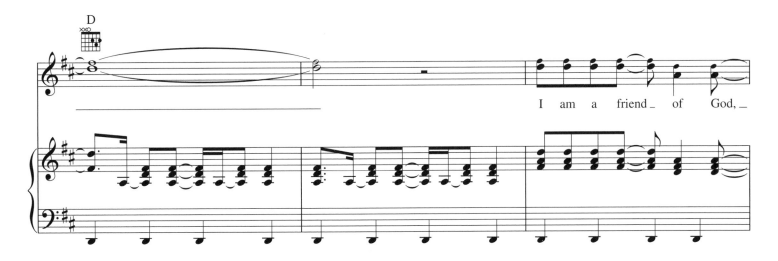

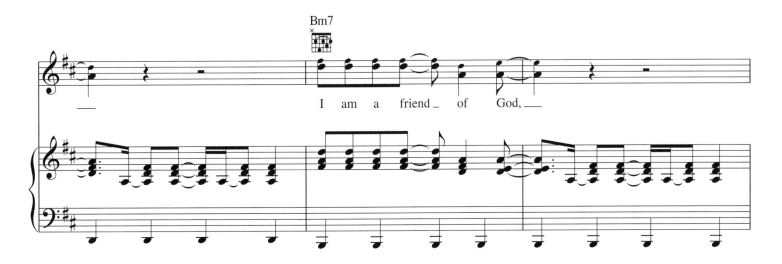

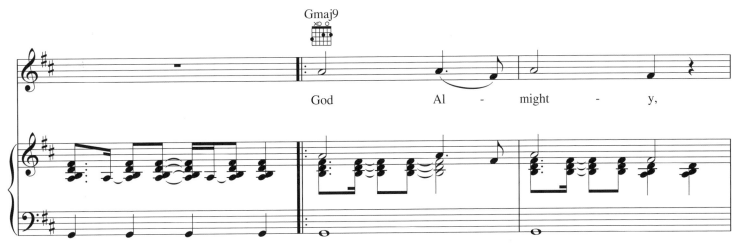

God Al - might - y,

Lord of _____ Glo - ry, You have

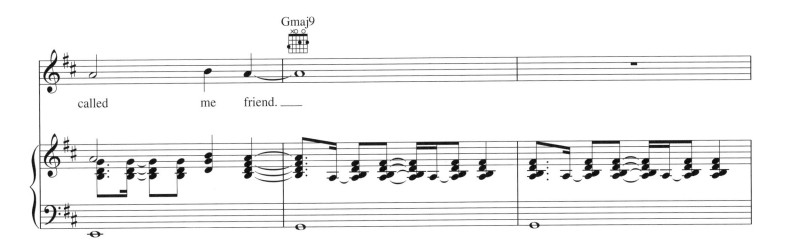

called me friend. _____

God Al - might - y, Lord of _____

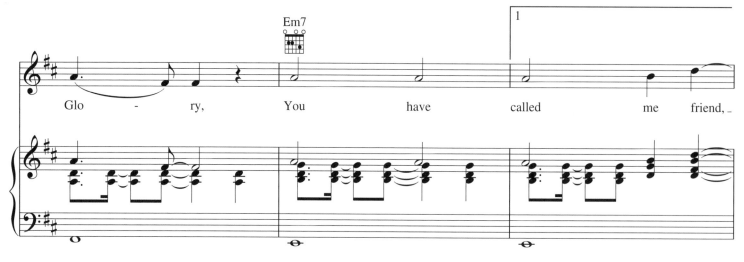

Glo - ry, You have called me friend, __

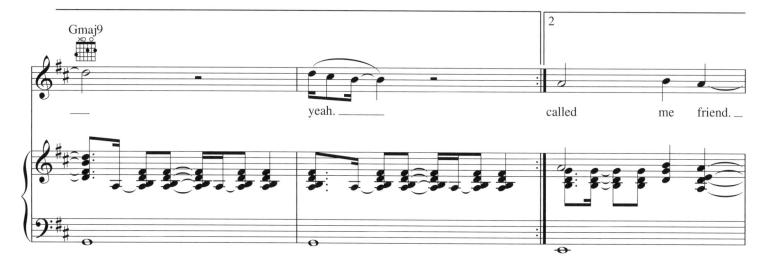

__ yeah. _____ called me friend. __

__ I am a friend __ of God, __

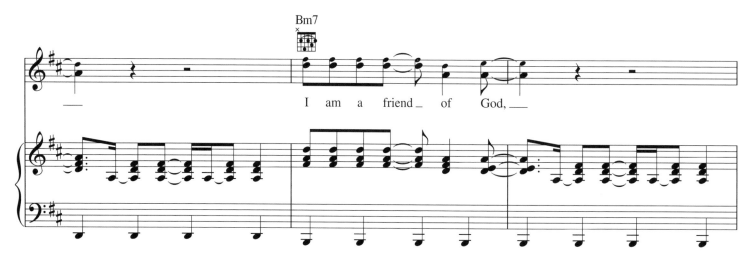

__ I am a friend __ of God, ___

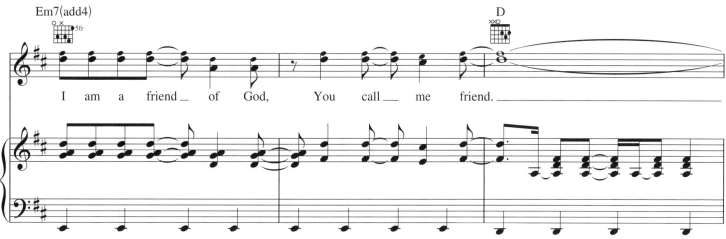

I am a friend __ of God, You call __ me friend. __

I am a friend __ of God, __

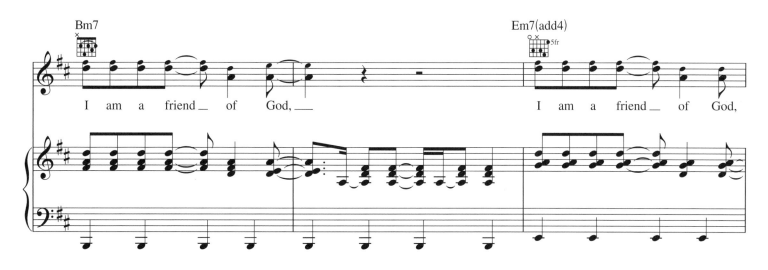

I am a friend __ of God, __ I am a friend __ of God,

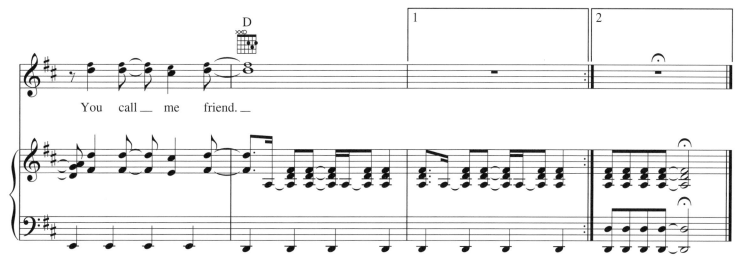

You call __ me friend. __

FROM THE INSIDE OUT

Words and Music by
JOEL HOUSTON

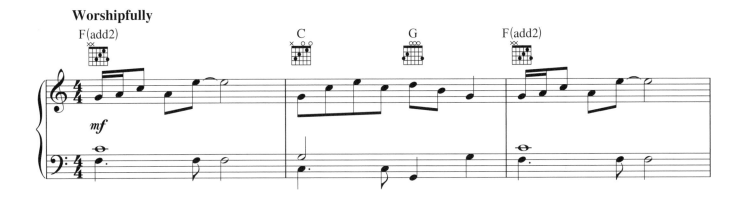

(1.) A thou-sand times _ I've _ failed, _ still Your mer-
(2.,3.) bove _ all _ else _ my pur-

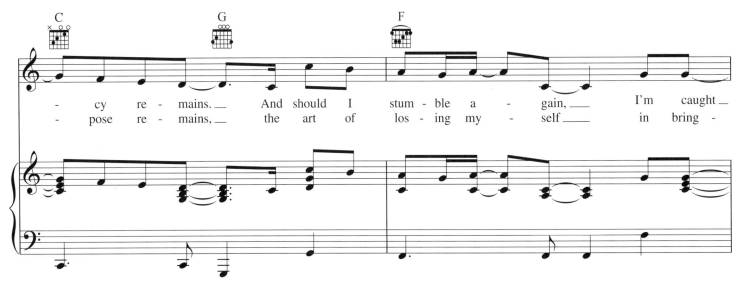

- cy re - mains. _ And should I stum - ble a - gain, _ I'm caught _
- pose re - mains, _ the art of los - ing my - self _ in bring -

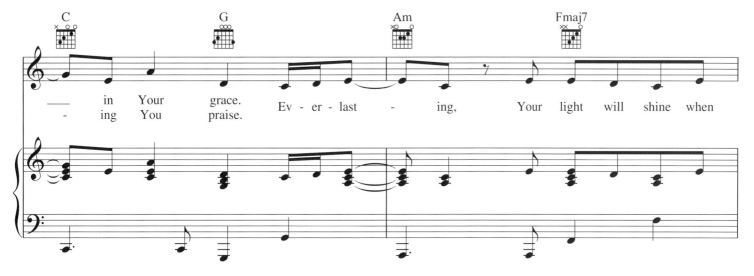

in Your grace.
-ing You praise. Ev - er - last - ing, Your light will shine when

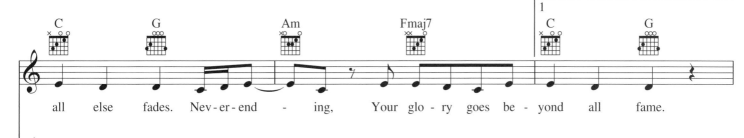

all else fades. Nev - er - end - ing, Your glo - ry goes be - yond all fame.

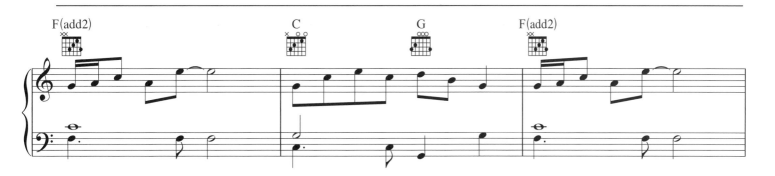

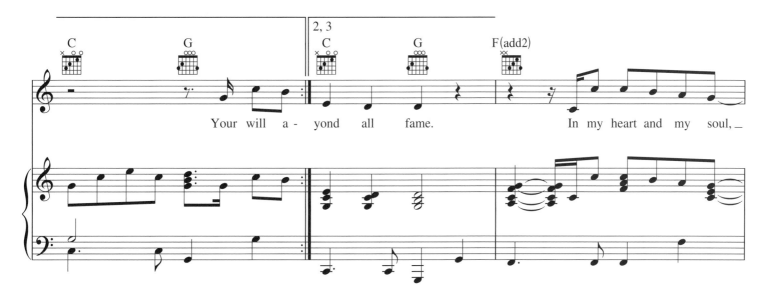

Your will a - yond all fame.

In my heart and my soul, __

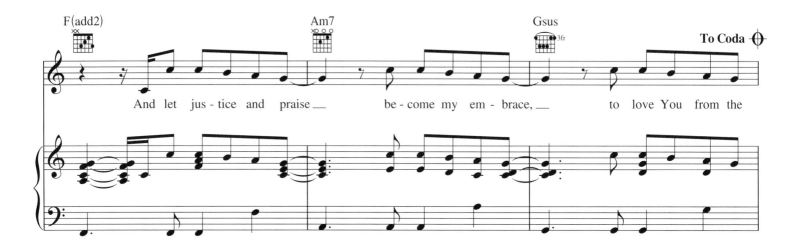

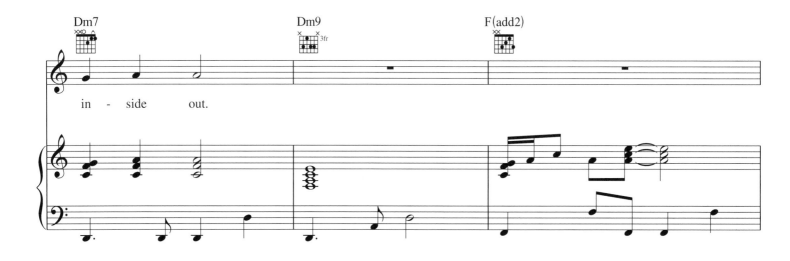

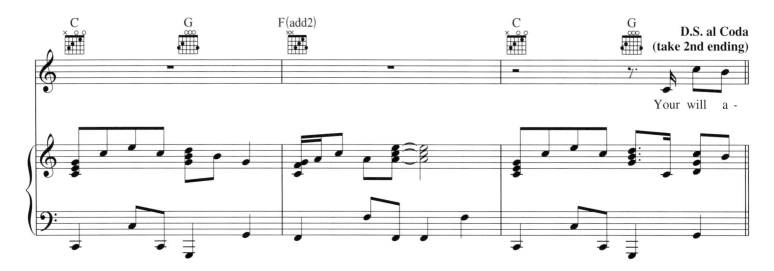

in - side out. Ev - er - last - ing, Your light will shine when all else fades. Nev - er - end -

- ing, Your glo - ry goes be - yond all fame. And the cry___ of my heart___ is to bring___

___ You praise. From the in - side out, Lord, my soul___ cries out, Lord.

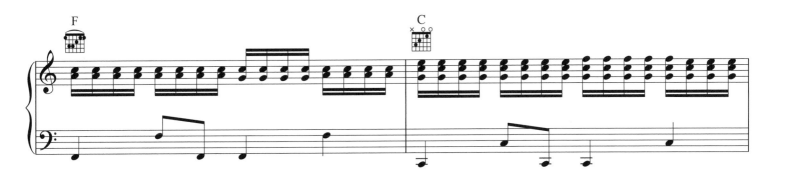

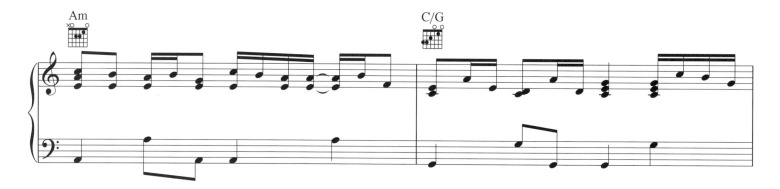

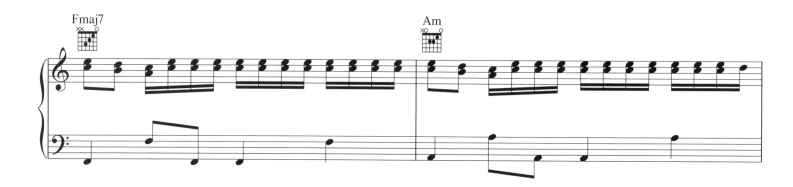

In my heart and my soul, ___ well, I give You con - trol. ___ Con - sume me from the

in - side out, Lord. Let jus - tice and praise ___ be - come my em - brace, ___

cresc. poco a poco

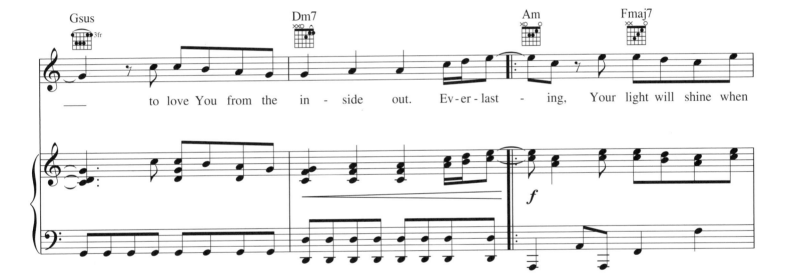

___ to love You from the in - side out. Ev - er - last - ing, Your light will shine when

f

all else fades. Nev - er - end - ing, Your glo - ry goes be - yond all fame. And the cry ___

of my heart ___ is to bring ___ You praise. From the in-

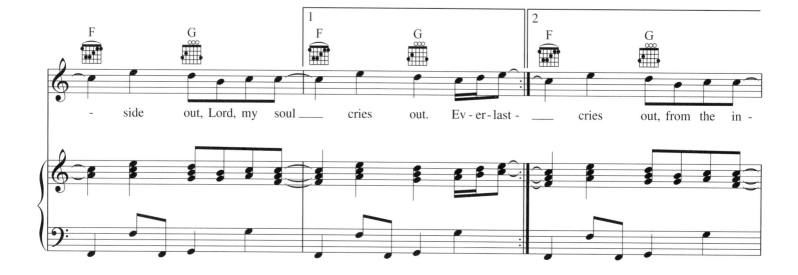

-side out, Lord, my soul ___ cries out. Ev-er-last-___ cries out, from the in-

-side out, Lord, my soul ___ cries out, Lord. ___

I WILL BOAST

Words and Music by
PAUL BALOCHE

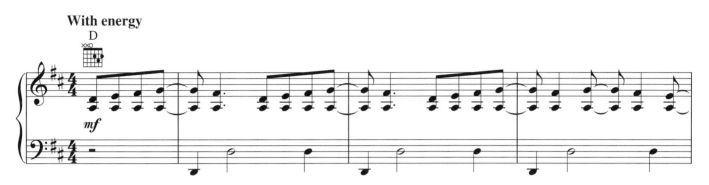

With energy

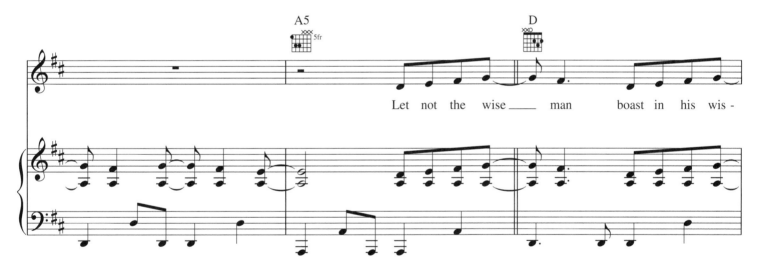

Let not the wise __ man boast in his wis-

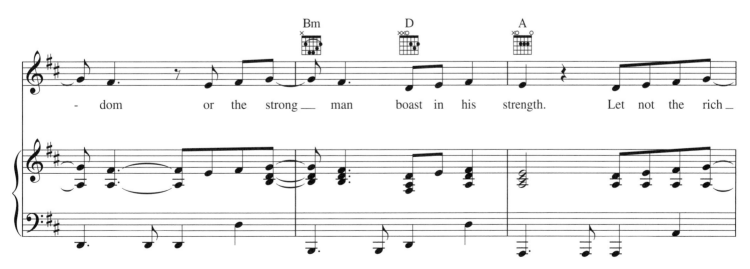

- dom or the strong __ man boast in his strength. Let not the rich __

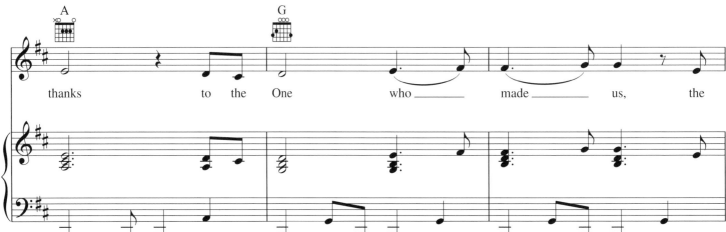

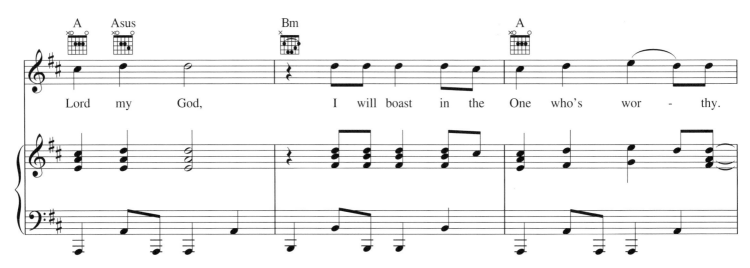

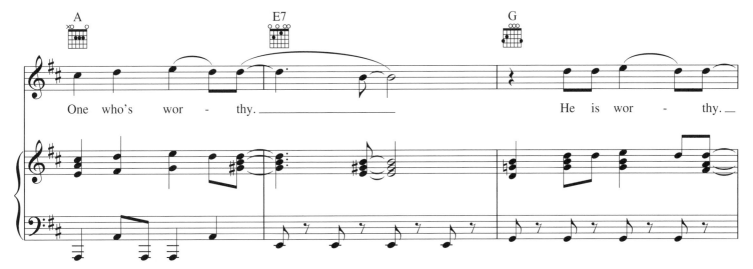

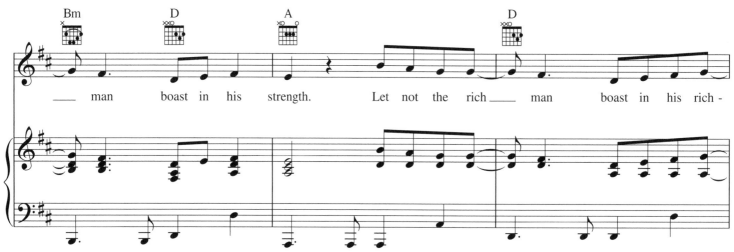

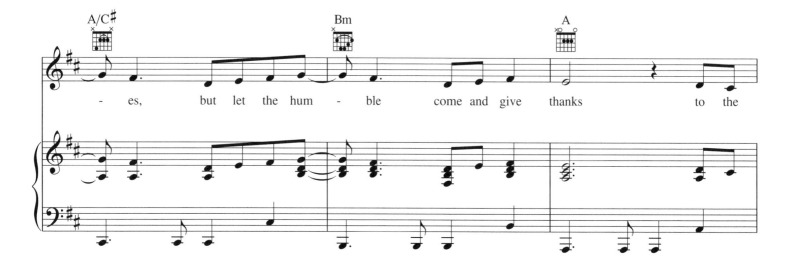

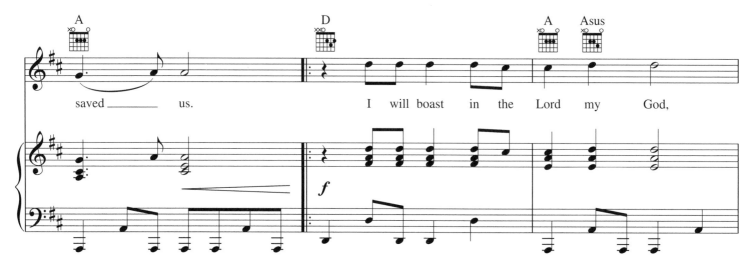

I will boast in the One who's wor-thy. I will boast in the

Lord my God, I will boast in the One who's wor-thy.

One who's wor-thy. _____ He's wor-thy. _

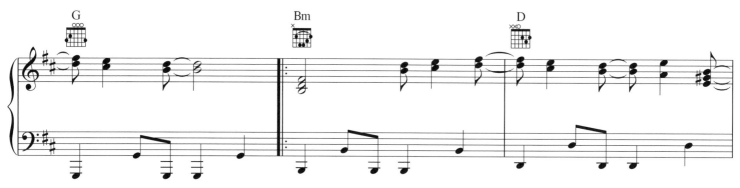

I will make ___ my boast ___ in ___ Christ a - lone. ___

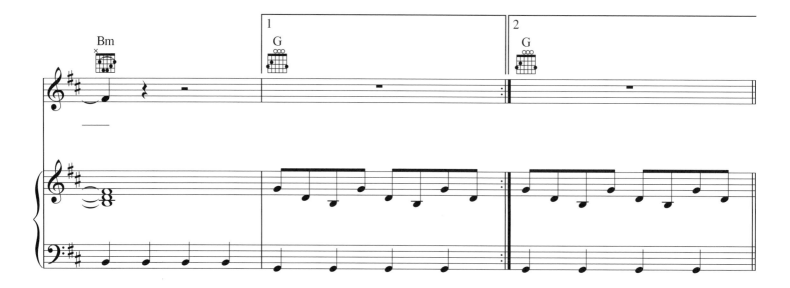

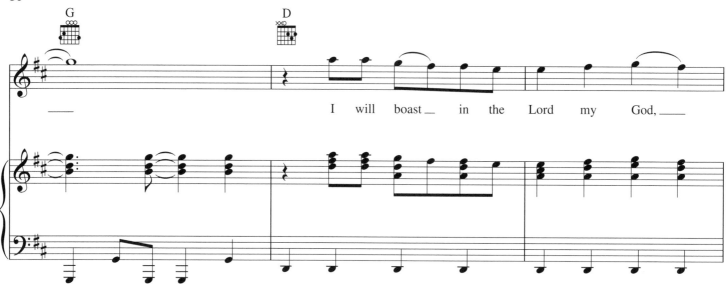

I will boast __ in the Lord my God, ____

I will boast in the One who's wor - thy. I will boast in the

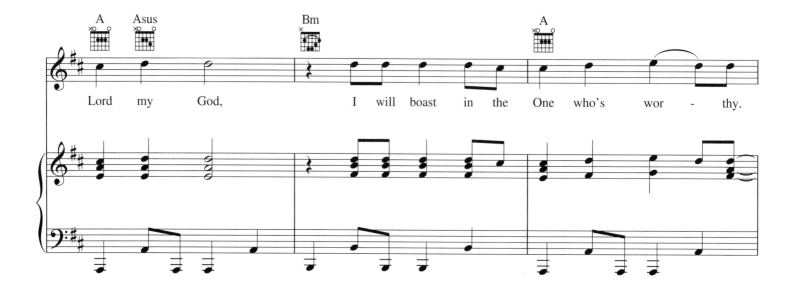

Lord my God, I will boast in the One who's wor - thy.

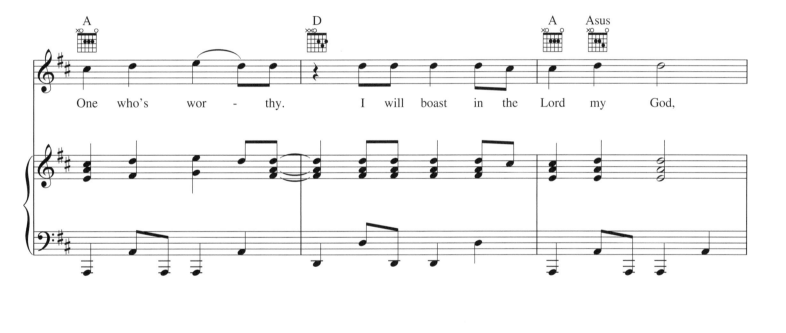

GOD IS GREAT

Words and Music by
MARTY SAMPSON

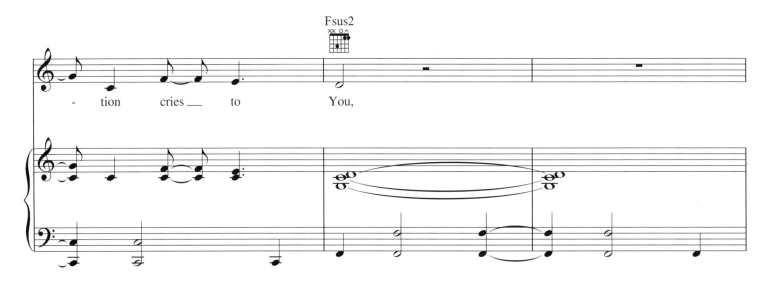

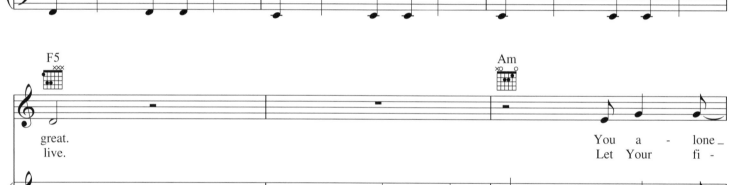

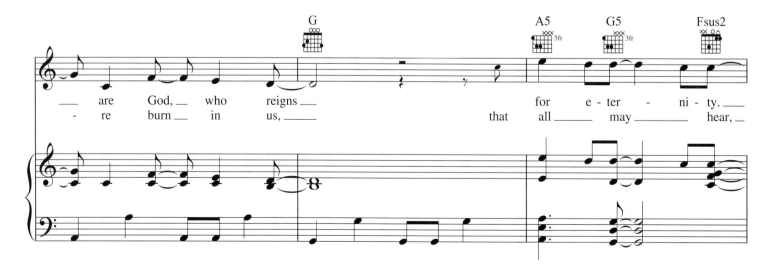

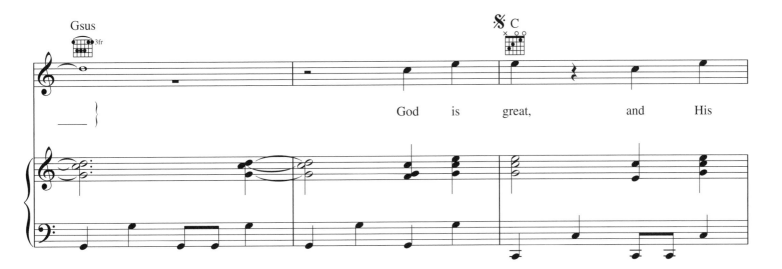

that all _____ may see. _____

God is great, and His

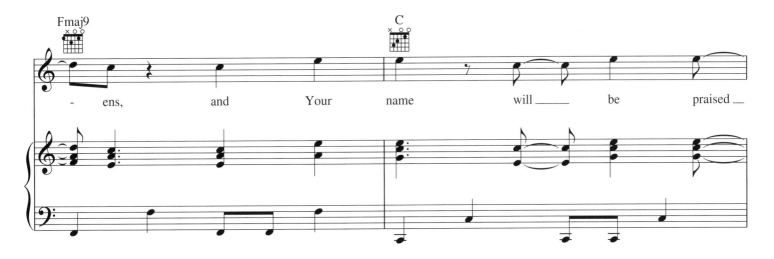

praise fills the earth, _____ fills the heav -

- ens, and Your name will _____ be praised _____

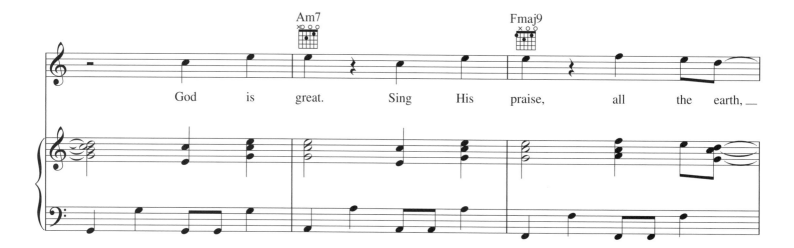

through all the world.

God is great. Sing His praise, all the earth, ___

___ all the heav - ens, 'cause we're liv - ing for ___ the glo -

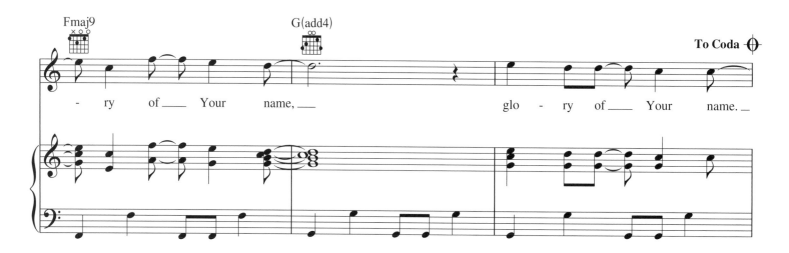

To Coda

- ry of ___ Your name, ___ glo - ry of ___ Your name. ___

Glo - ry of ___ Your name. ___

Ho - ly

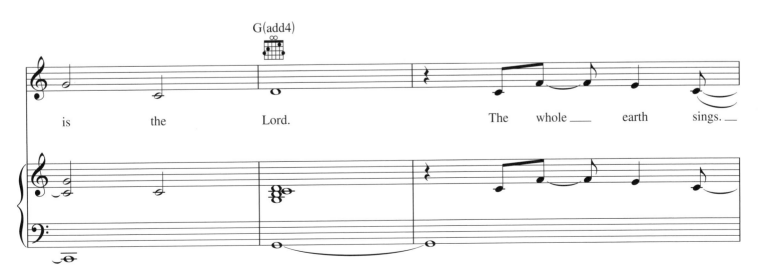

is the Lord. The whole ___ earth sings. ___

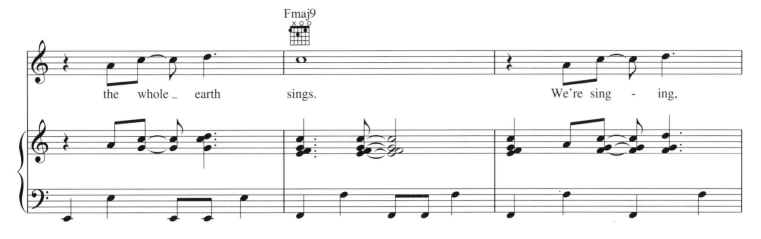

the whole earth sings. We're sing - ing,

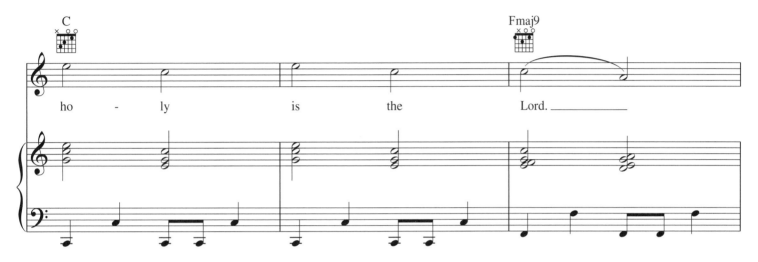

ho - ly is the Lord.

The whole earth sings, the whole earth sings.

HERE IN YOUR PRESENCE

Words and Music by
JON EGAN

In a slow 2

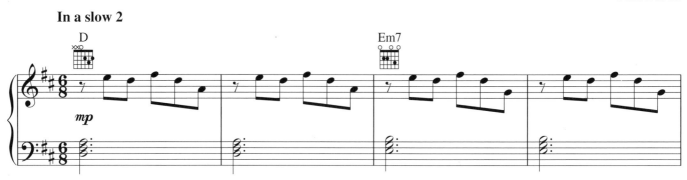

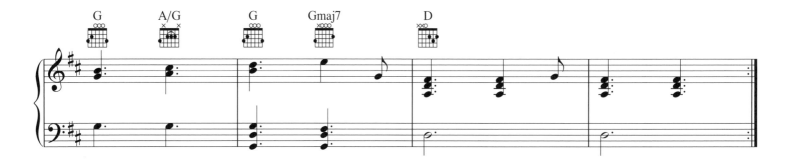

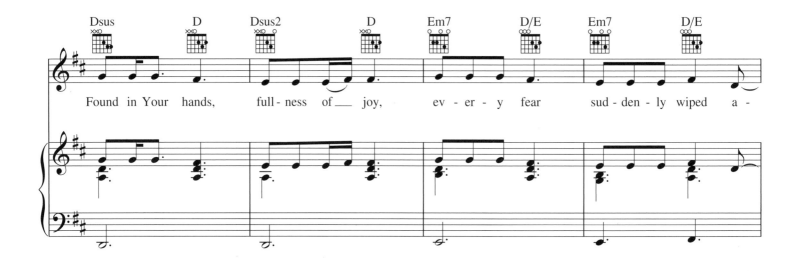

Found in Your hands, full-ness of __ joy, ev-er-y fear sud-den-ly wiped a-

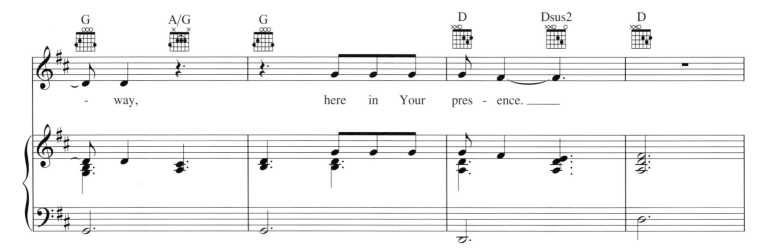

-way, here in Your pres-ence. __

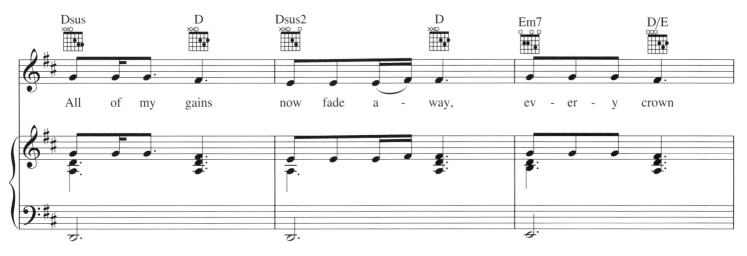

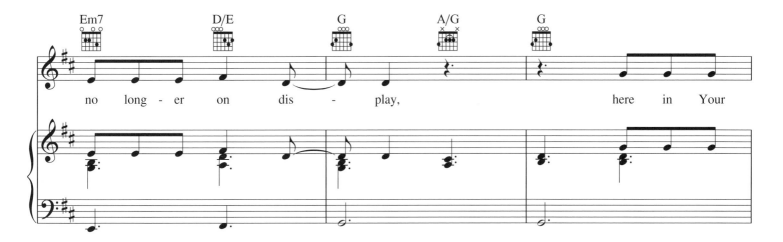

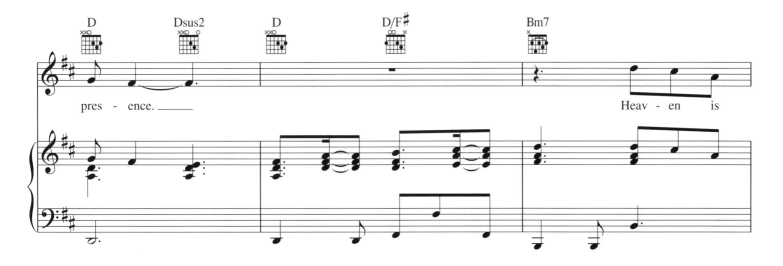

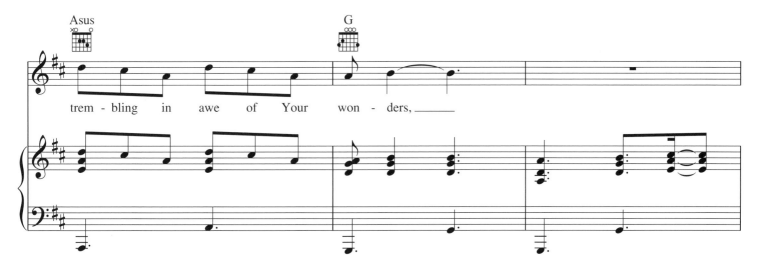

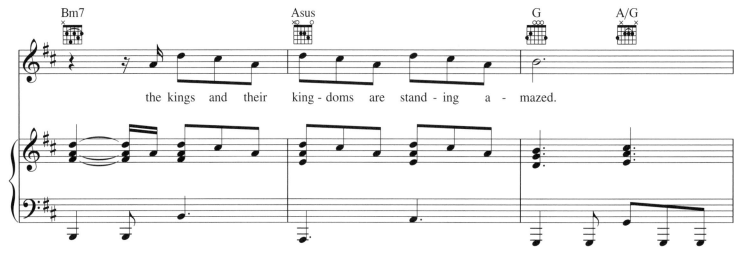

the kings and their king - doms are stand - ing a - mazed.

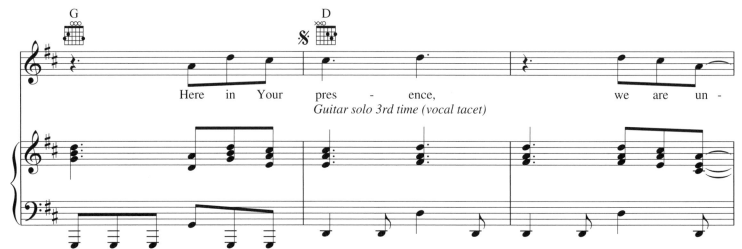

Here in Your pres - ence, we are un -

Guitar solo 3rd time (vocal tacet)

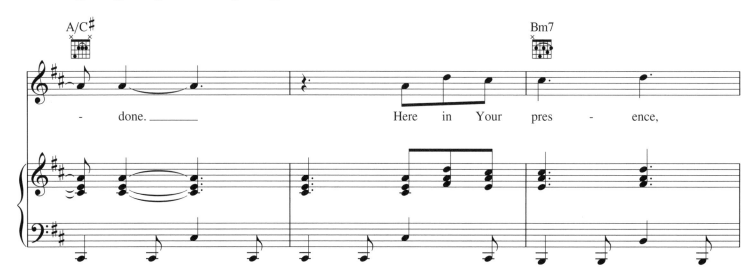

- done. _____ Here in Your pres - ence,

heav - en and earth be - come ___ one. _____ Here in Your

pres - ence, all things are _____ new. _____ Here in Your

pres - ence, ev - 'ry - thing bows be - fore _____ You. _____

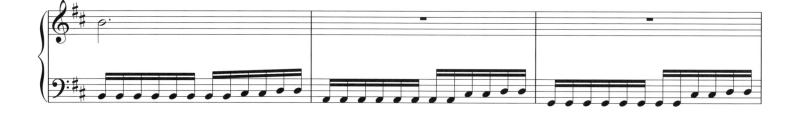

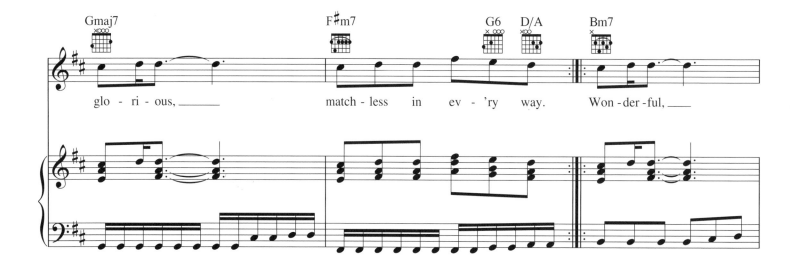

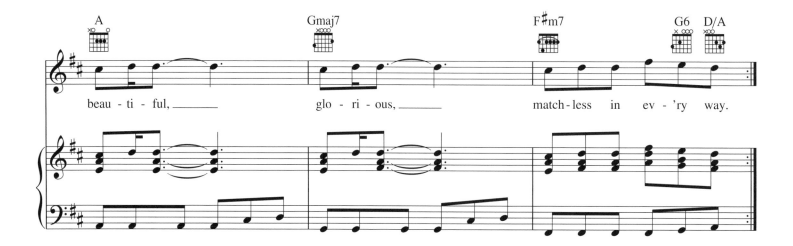

Wonderful, _____ beautiful, _____ glorious, _____

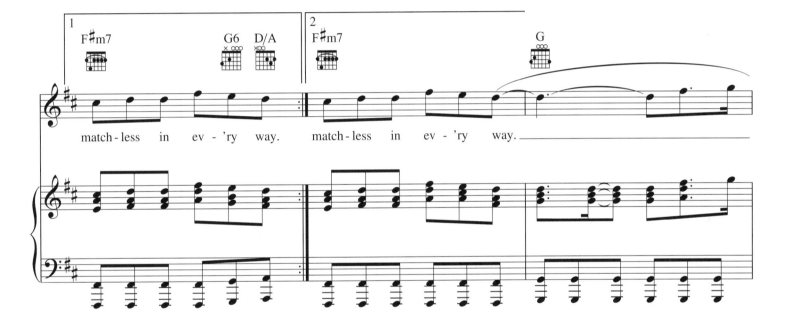

1. matchless in ev'ry way. 2. matchless in ev'ry way. _____

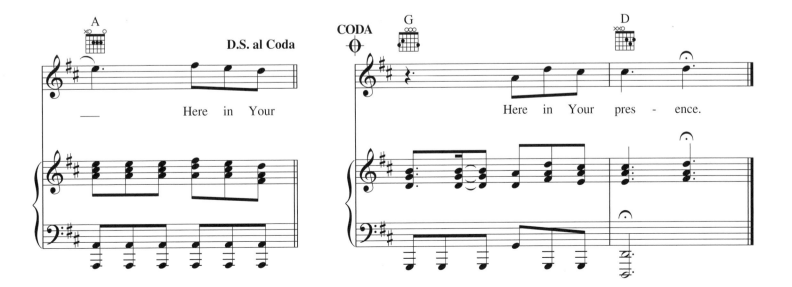

_____ Here in Your

D.S. al Coda

CODA

Here in Your presence.

HOSANNA
(Praise Is Rising)

Words and Music by PAUL BALOCHE
and BRENTON BROWN

With a driving beat

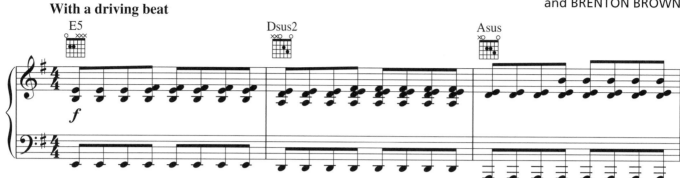

Praise ____ is
Hear ____ the

ris - ing,   eyes ____ are   turn - ing ____ to You,
sound ____ of   hearts ____ re - turn - ing ____ to You, ____

we turn ___ to You. ___
we turn ___ to You. ___

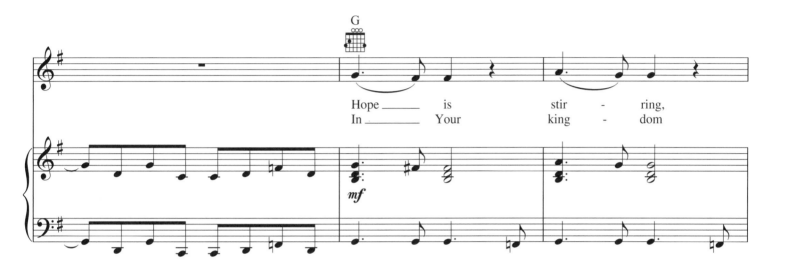

Hope ___ is stir - ring,
In ___ Your king - dom

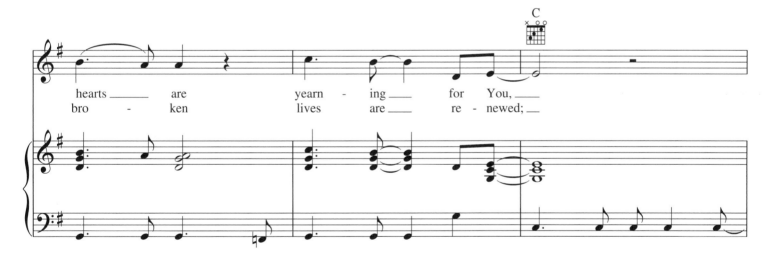

hearts ___ are yearn - ing ___ for You, ___
bro - ken lives are ___ re - newed; ___

we long ___ for You. ___
You make ___ us new. ___

'Cause when we see ___

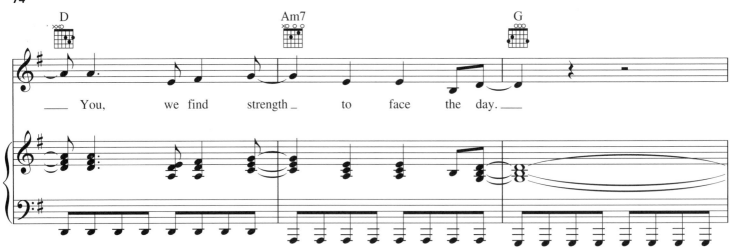

You, we find strength to face the day.

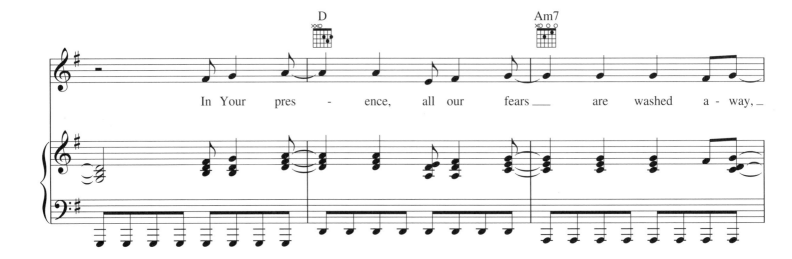

In Your pres - ence, all our fears are washed a - way,

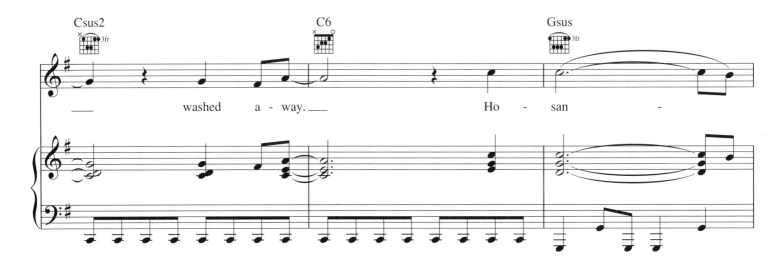

washed a - way. Ho - san -

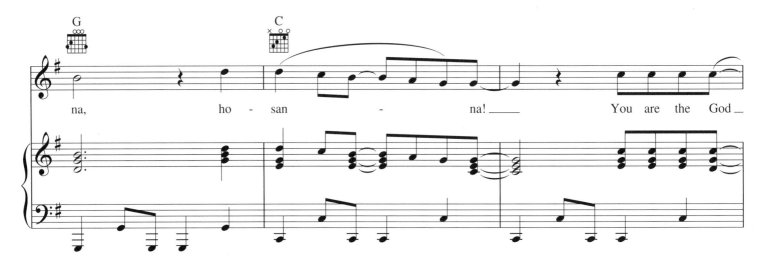

na, ho - san - na! You are the God

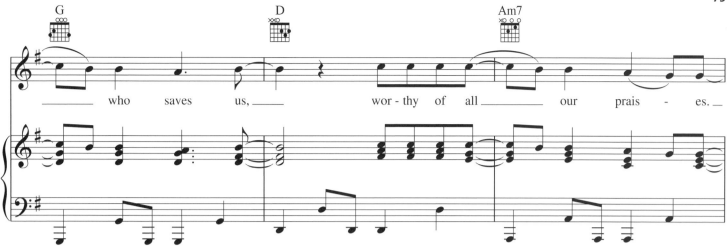

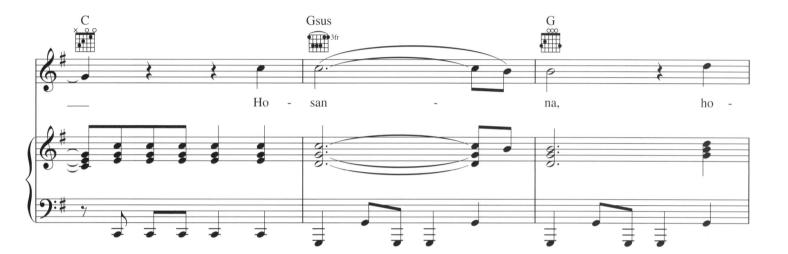

who saves us, _____ wor-thy of all _____ our prais - es. _____

____ Ho - san - na, _____ ho -

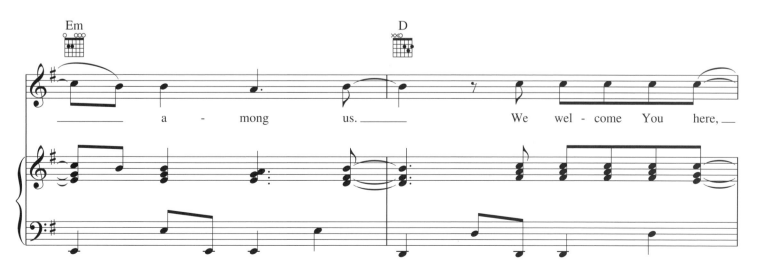

san - na! _____ Come, have Your way ____

____ a - mong us. _____ We wel - come You here, ____

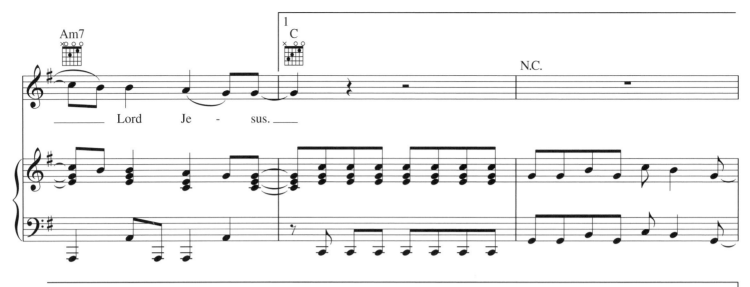

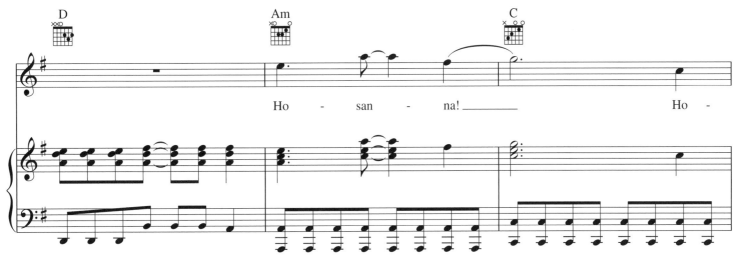

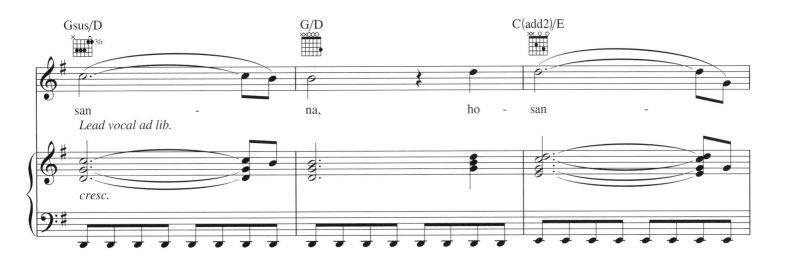

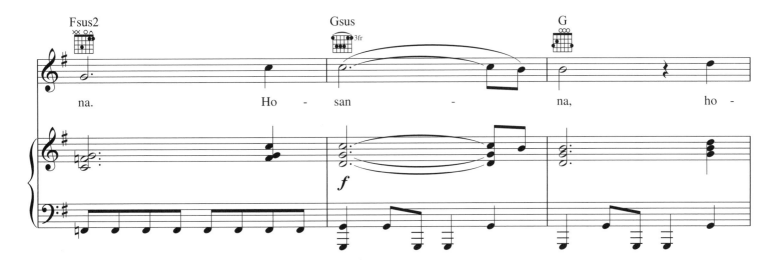

san - na! _____ Come, have Your way _____

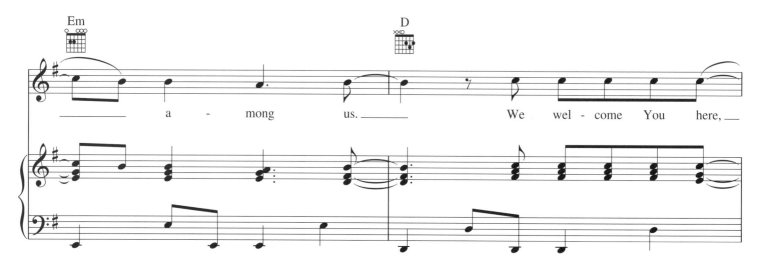

_____ a - mong us. _____ We wel - come You here, _____

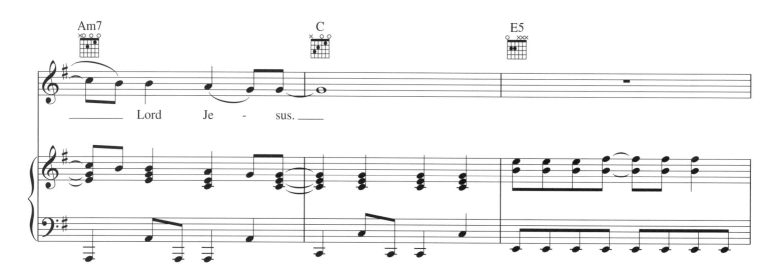

_____ Lord Je - sus. _____

Ho - san - na! _____

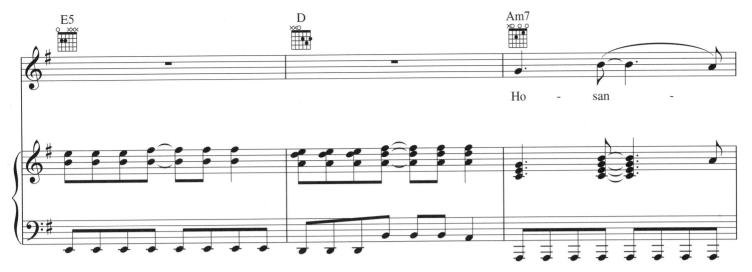

Ho - san -

na! _____

I AM FREE

Words and Music by
JON EGAN

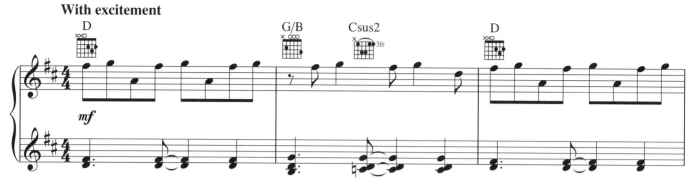

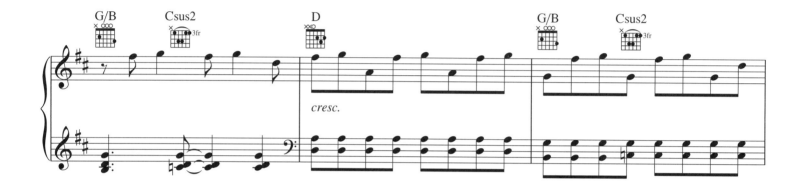

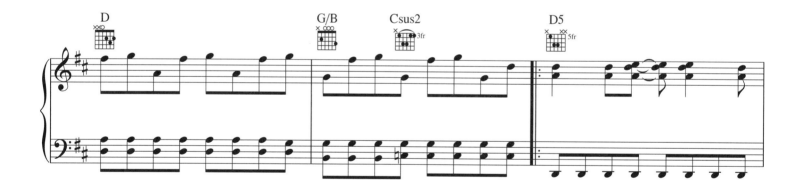

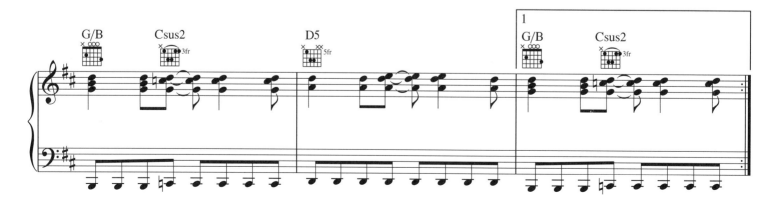

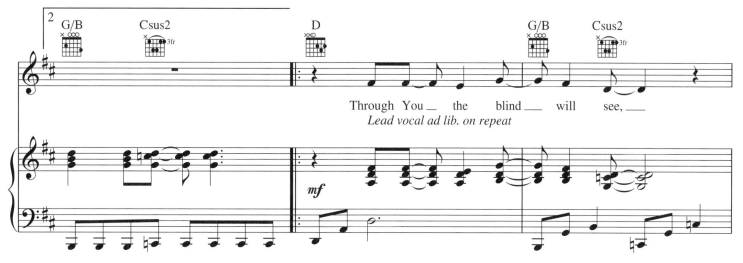

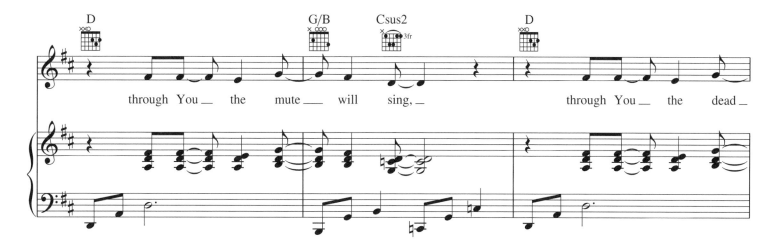

Through You __ the blind __ will see, __

Lead vocal ad lib. on repeat

through You __ the mute __ will sing, __ through You __ the dead __

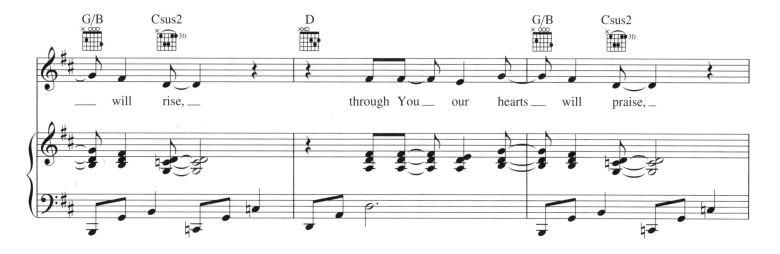

__ will rise, __ through You __ our hearts __ will praise, __

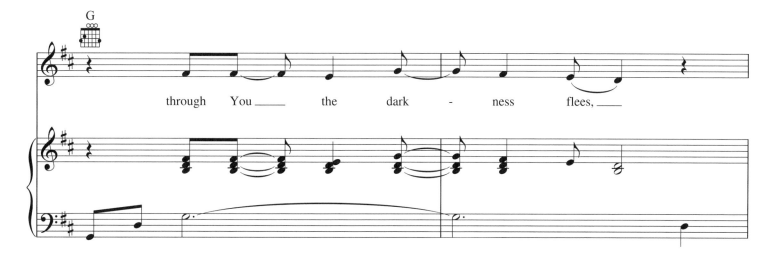

through You ___ the dark - ness flees, ___

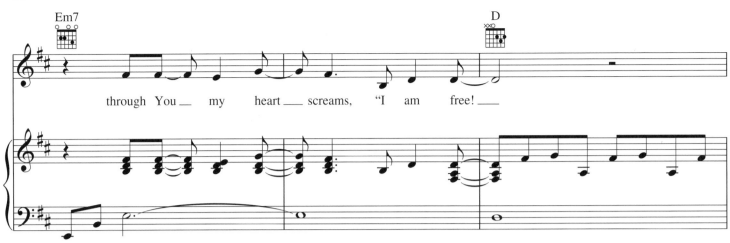

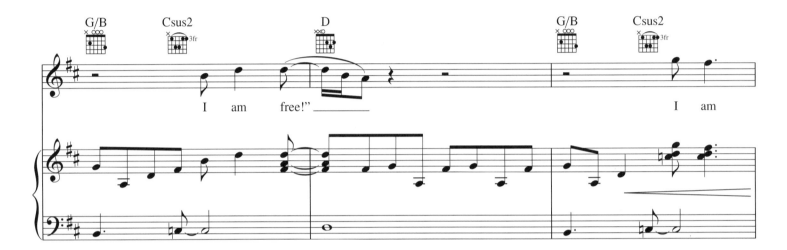

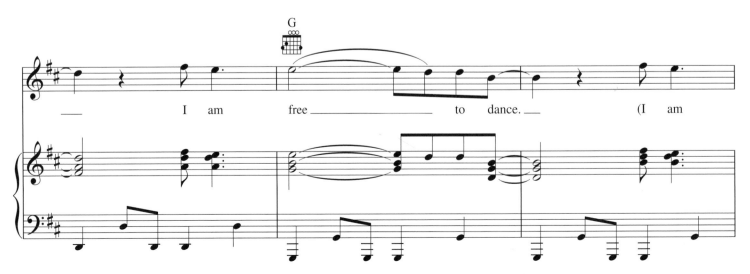

free _____ to dance.) __ I am free to live ___ for You. __

___ (I am free to live ___ for You.) __ I am free. __

___ (I am free.) ___ I am free. ___ (I am free.) _

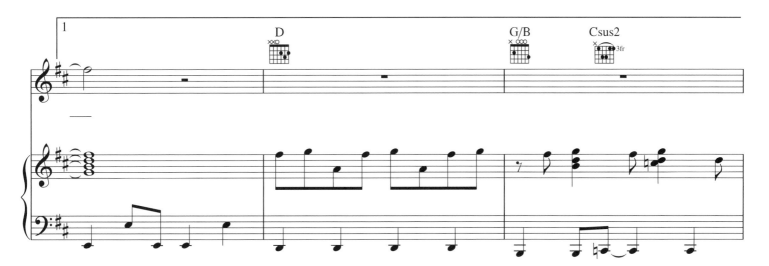

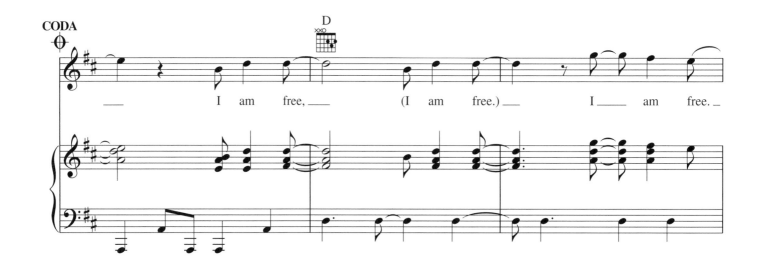

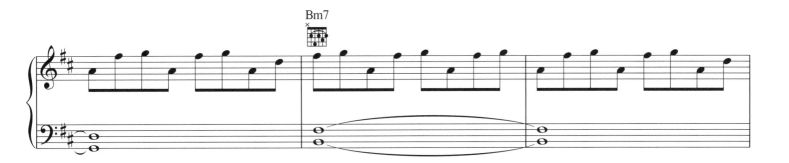

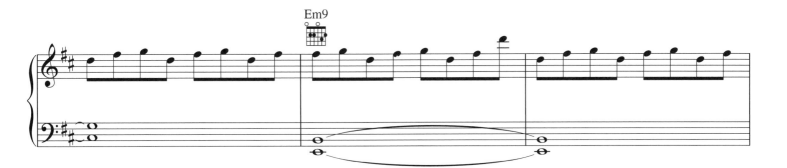

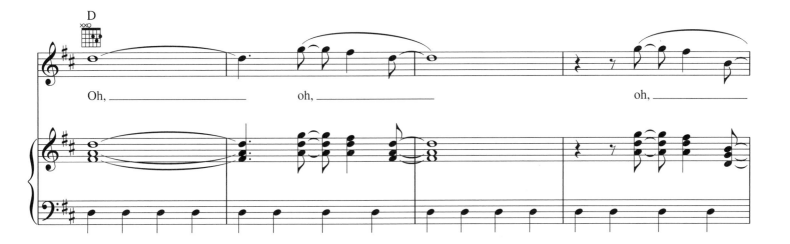

Oh, _____ oh, _____ oh, _____

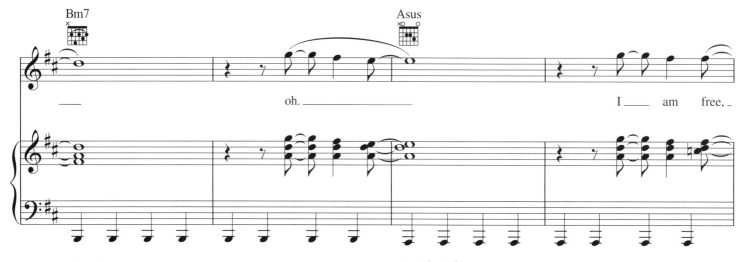

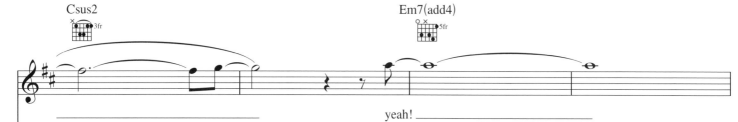

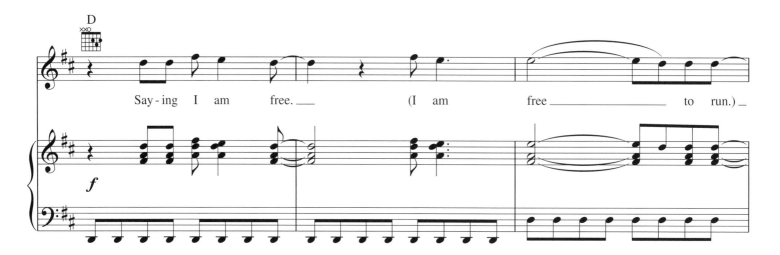

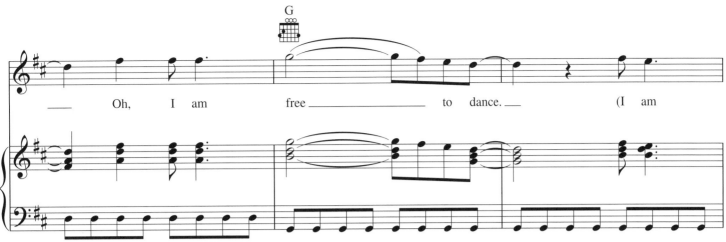

I KNOW WHO I AM

Words and Music by ISRAEL HOUGHTON
and CHRIS TOMLIN

With energy

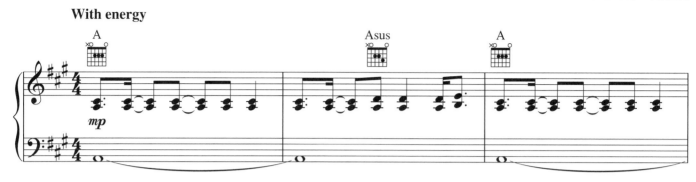

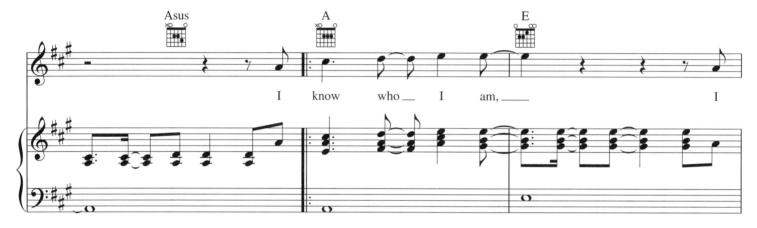

I know who __ I am, ____ I

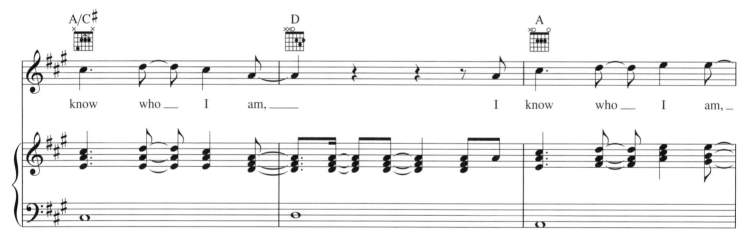

know who __ I am, ____ I know who __ I am, __

__ I __ am Yours, __ I __ am Yours. __ I

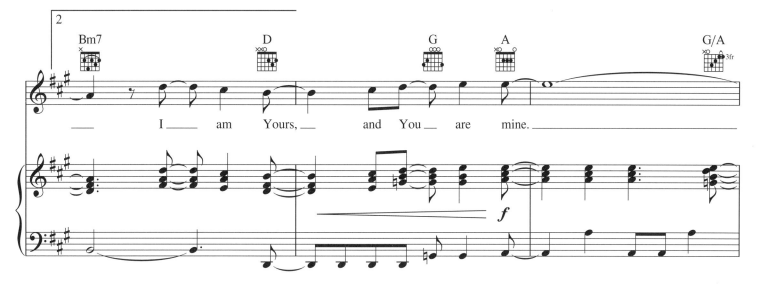

I ___ am Yours, ___ and You ___ are mine. _____

___ Je - sus, You ___ are mine. ___ You ___ are mine. _

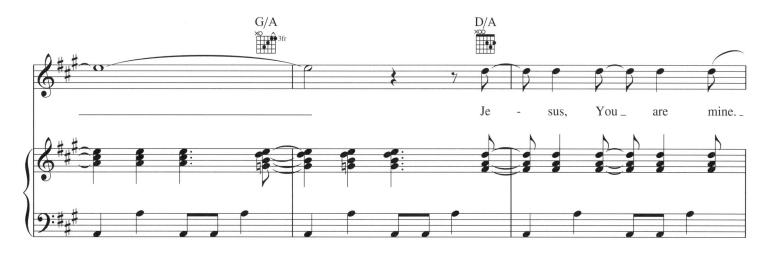

Je - sus, You ___ are mine. _

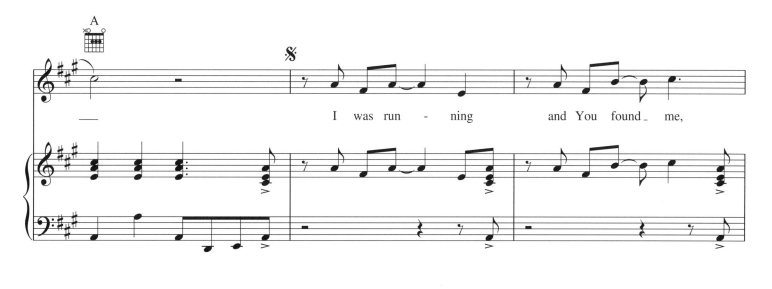

I was run - ning and You found ___ me,

I was blind - ed and You gave _ me sight. ___ You put a song _

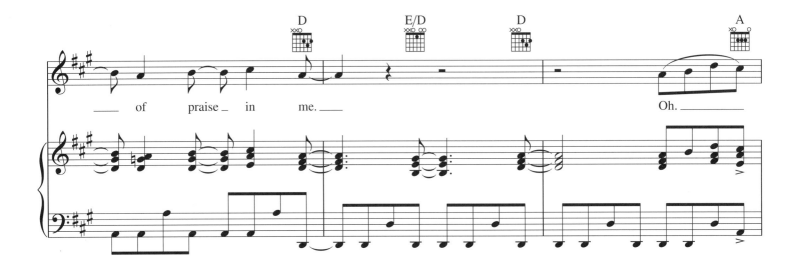

___ of praise _ in me. ___ Oh. _____

I was bro - ken and You healed _ me, I was dy - ing

and You gave _ me life. ___ Lord, You are my ___ i - den - ti - ty. _

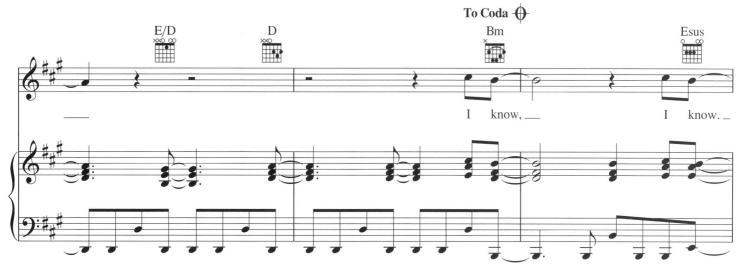

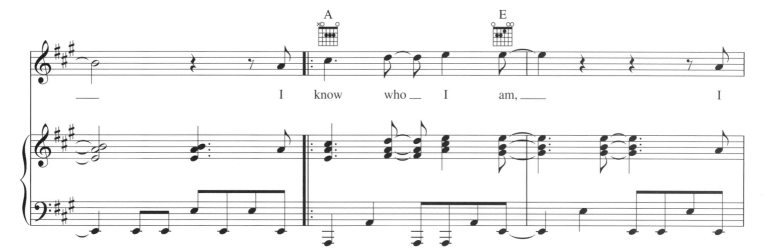

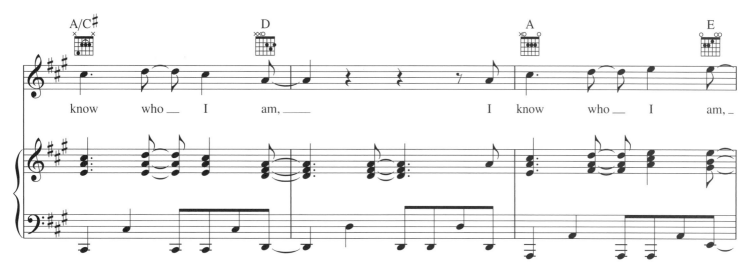

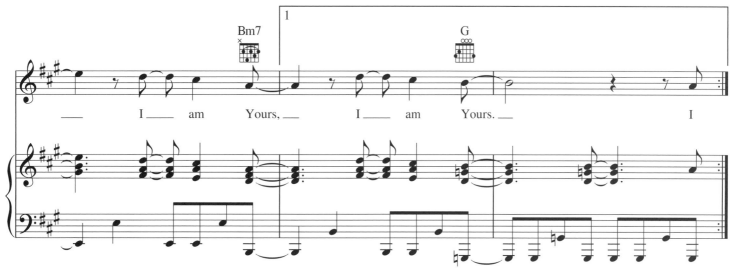

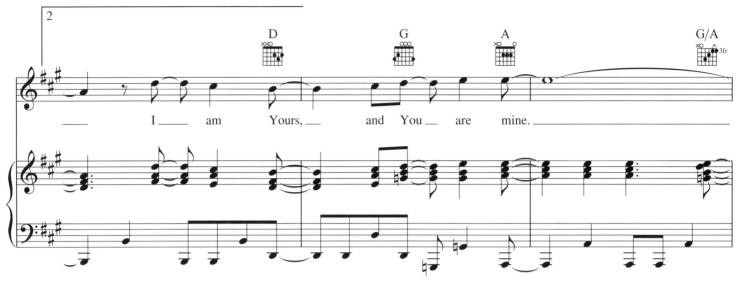

I am Yours, and You are mine.

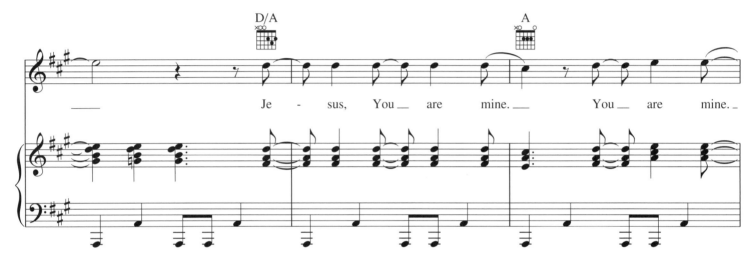

Je - sus, You are mine. You are mine.

D.S. al Coda

Je - sus, You are mine.

CODA

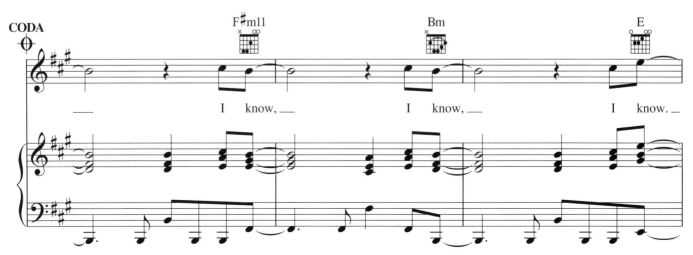

I know, I know, I know.

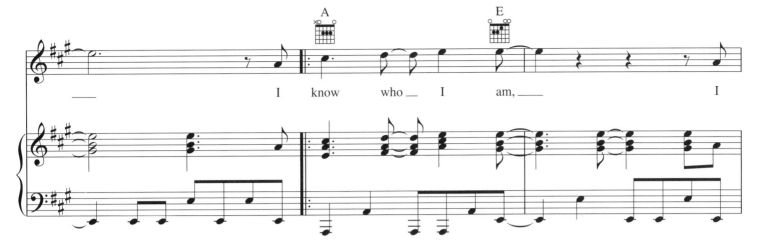

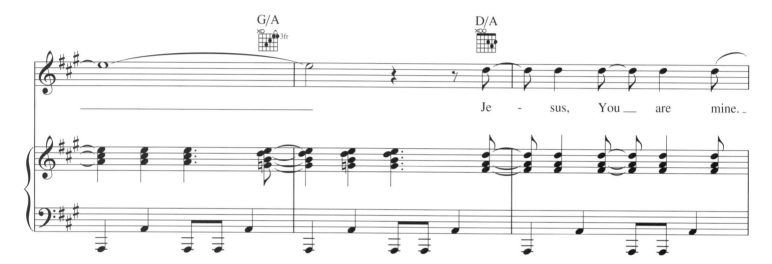

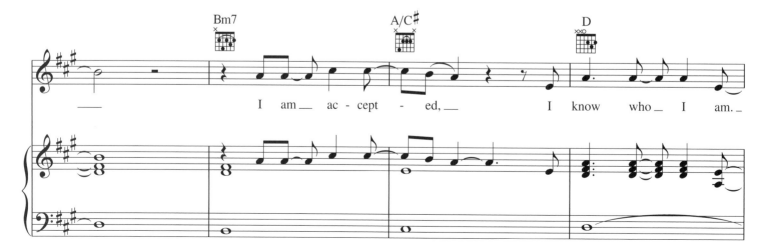

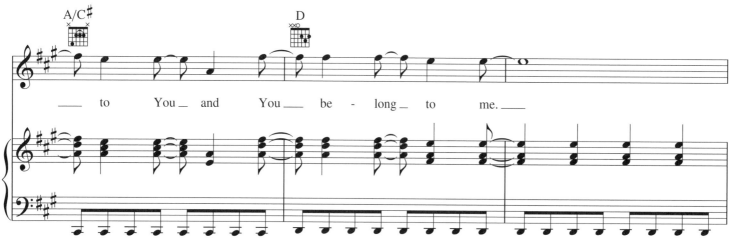

to You and You be-long to me.

Oh, oh.
I know who I am,

cresc.

f

I know who I am, I know who I am,

1-3

I am Yours, I am Yours. I

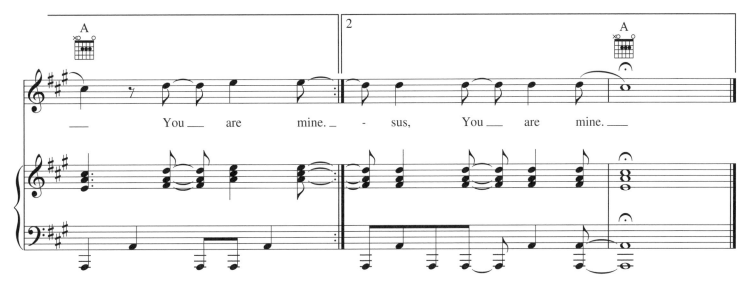

LET THE CHURCH RISE

Words and Music by ISRAEL HOUGHTON
and JONATHAN STOCKSTILL

With conviction

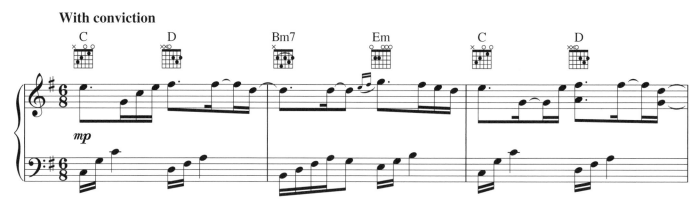

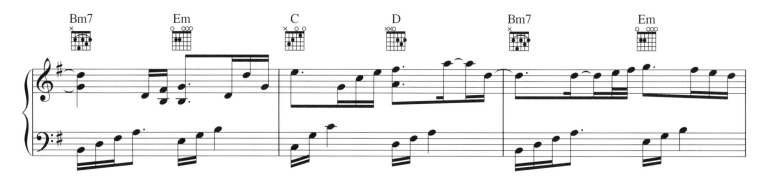

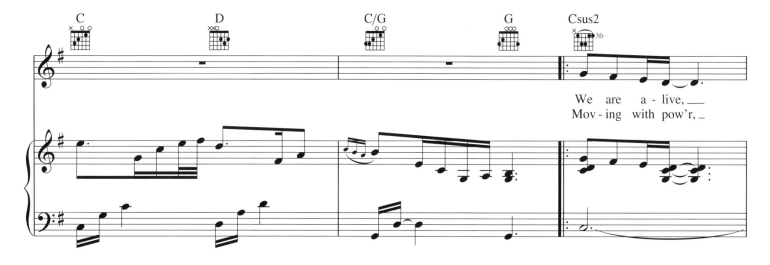

We are a - live, ___
Mov - ing with pow'r, ___

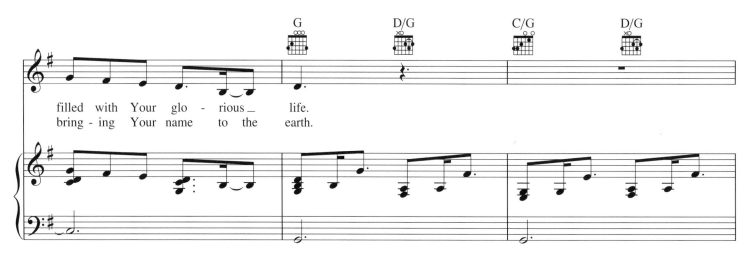

filled with Your glo - rious ___ life.
bring - ing Your name to the ___ earth.

Out of the dark, __ in - to Your mar - v'lous __ light.
Sing - ing Your prais - es, lift - ing up glo - rious __ songs.

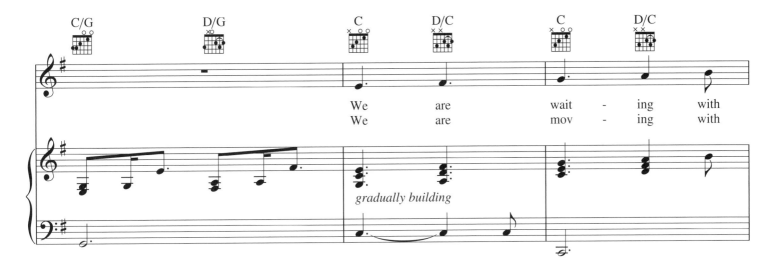

We are wait - ing with
We are mov - ing with

gradually building

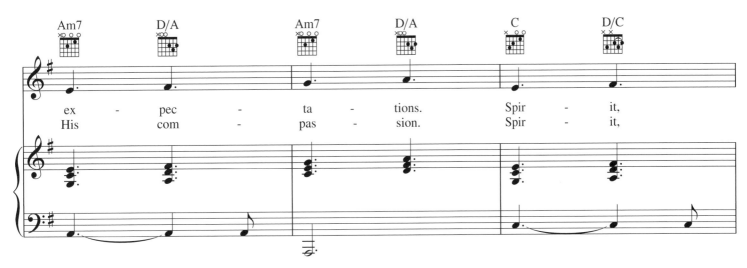

ex - pec - ta - tions. Spir - it,
His com - pas - sion. Spir - it,

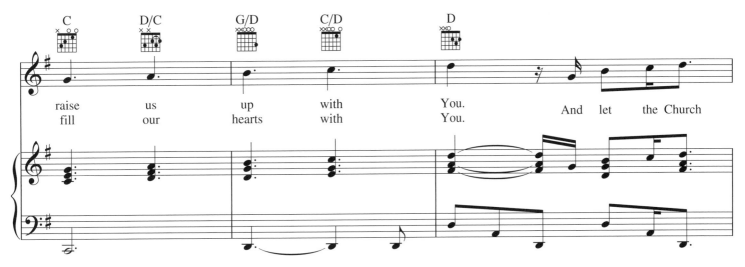

raise us up with You. And let the Church
fill our hearts with You.

rise from the ash - es, ___ let the Church fall to her knees. ___

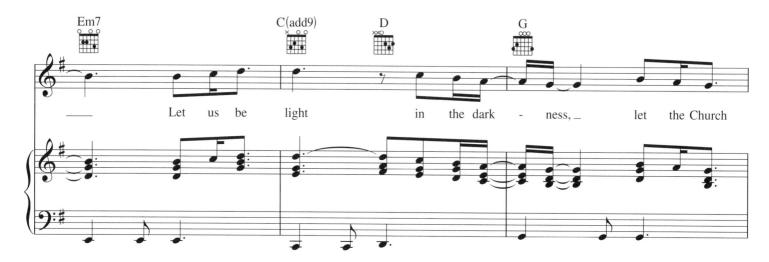

___ Let us be light in the dark - ness, ___ let the Church

rise, let the Church rise.

Let the Church

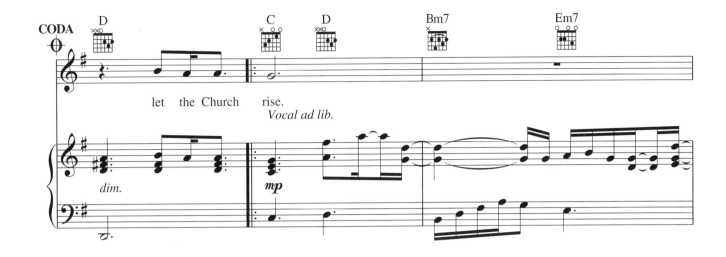

let the Church rise.
Vocal ad lib.

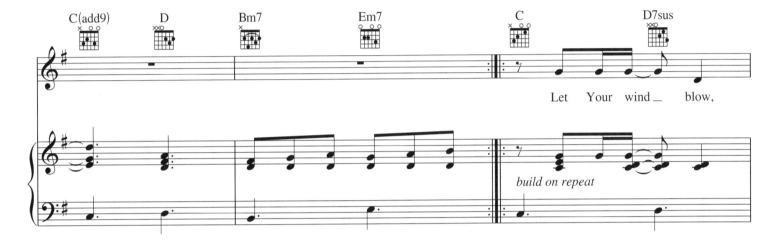

Let Your wind _ blow,

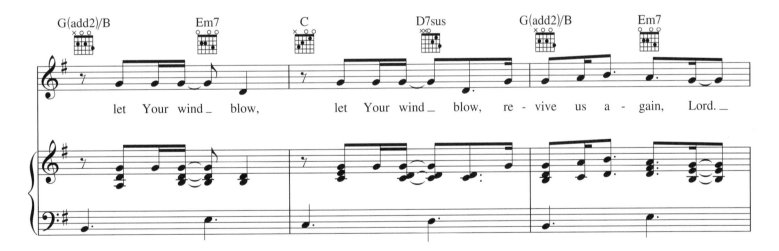

let Your wind _ blow, let Your wind _ blow, re - vive us a - gain, Lord. _

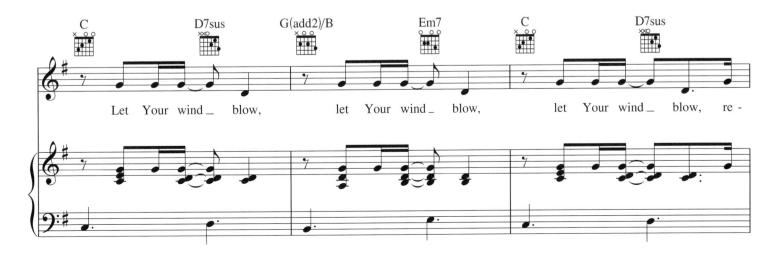

Let Your wind _ blow, let Your wind _ blow, let Your wind _ blow, re -

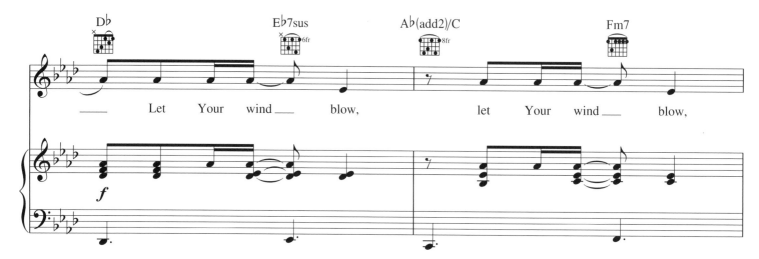

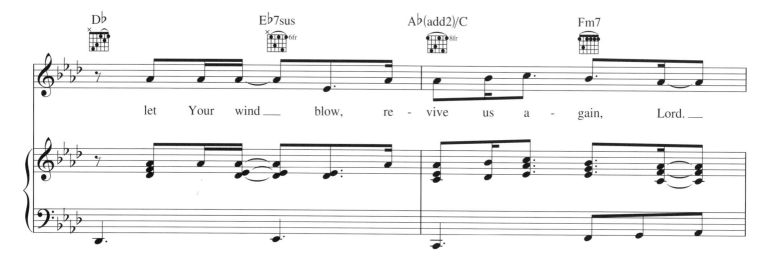

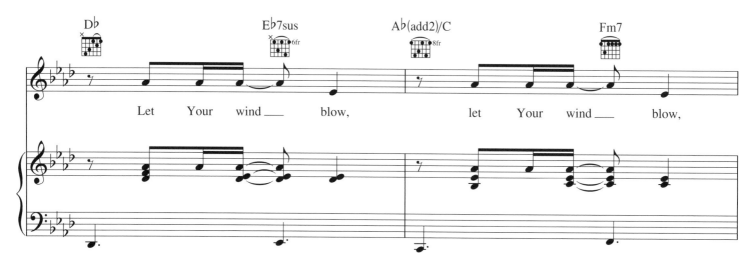

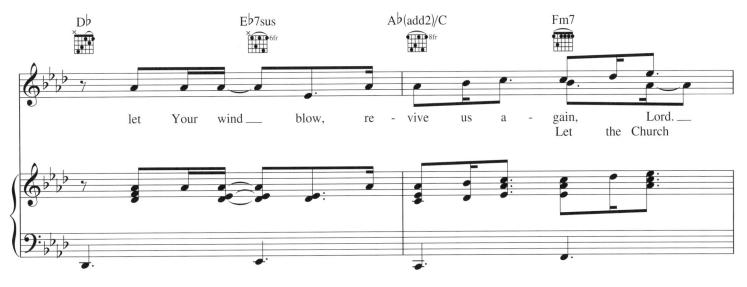

let Your wind ___ blow, re - vive us a - gain, Lord. ___ Let the Church

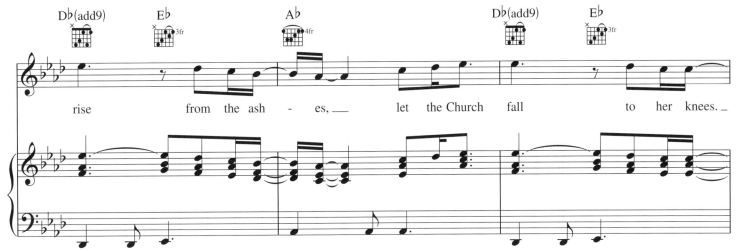

rise from the ash - es, ___ let the Church fall to her knees. ___

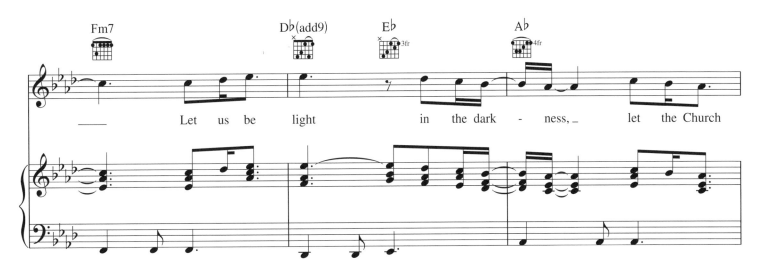

___ Let us be light in the dark - ness, _ let the Church

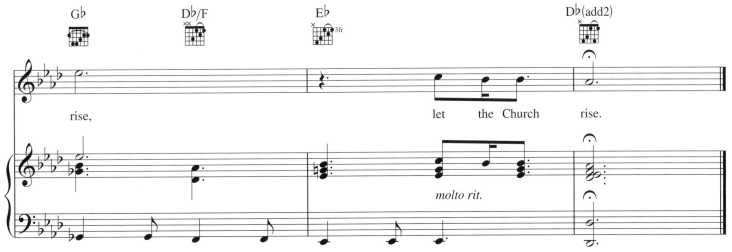

rise, let the Church rise.

molto rit.

LOVE THE LORD

Words and Music by
LINCOLN BREWSTER

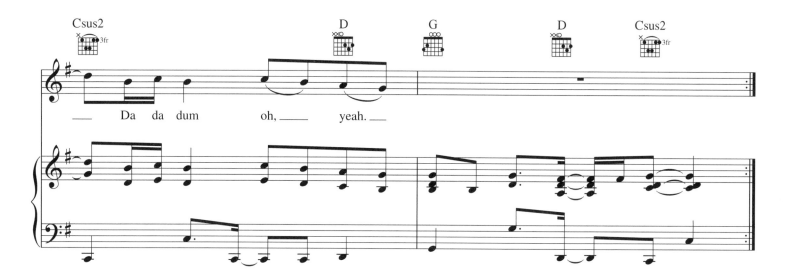

with all ___ your strength. ___
with all ___ my strength. ___

Love the Lord ___ your God ___ with all ___ your heart, ___ with all ___ your soul, ___ with all ___ your mind ___
I will serve ___ the Lord ___ with all ___ my heart, ___ with all ___ my soul, ___ with all ___ my mind ___

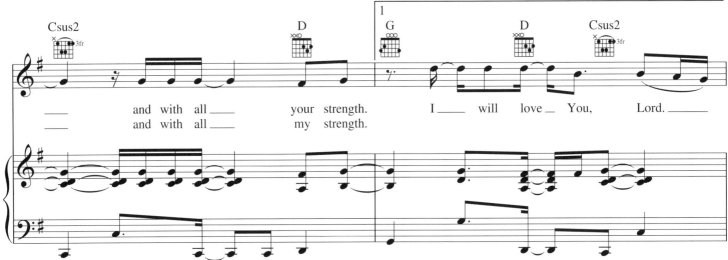

___ and with all ___ your strength.   I ___ will love ___ You, ___ Lord. ___
___ and with all ___ my strength.

Da da dum ___ da da dum da da da. ___ Da da dum ___ da da dum da da da. ___

Da da dum oh, ____ yeah.

I ____ will serve You.

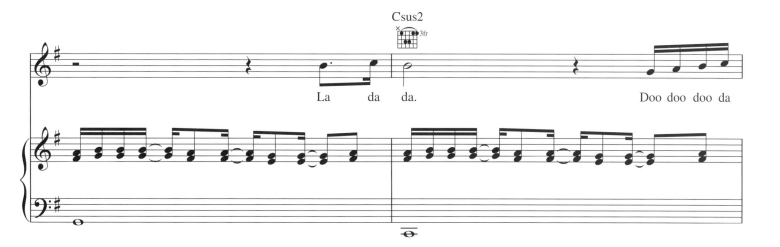

La da da.

Doo doo doo da

da dee da ____ da da ____ da da ____ da da. ____

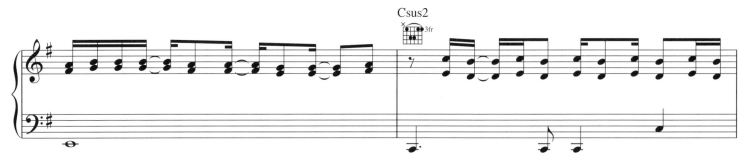

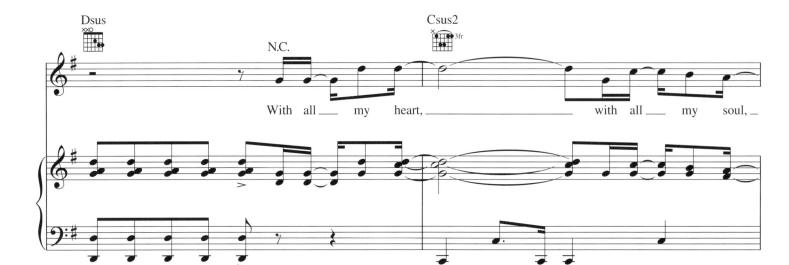

With all ___ my heart, _____ with all ___ my soul, __

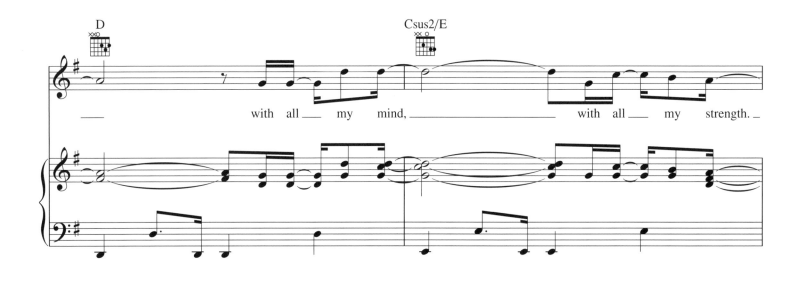

__ with all ___ my mind, _____ with all ___ my strength. _

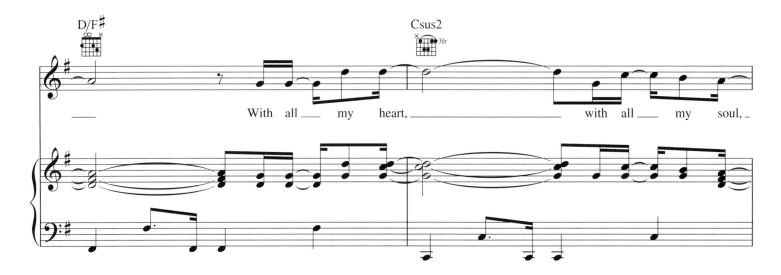

__ With all ___ my heart, _____ with all ___ my soul, _

with all ___ my mind, ___ oh, ___ with all ___ my strength. ___

_____ I will love ___ You, Lord, ___ with all ___ my heart, ___

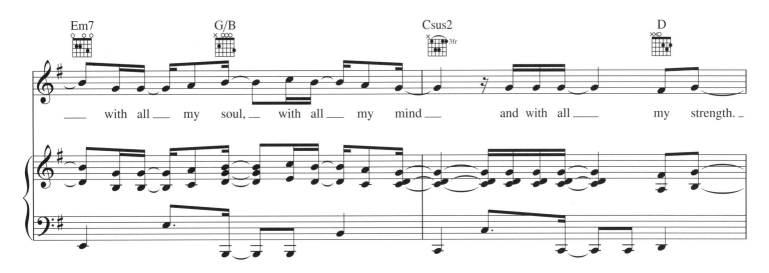

___ with all ___ my soul, ___ with all ___ my mind ___ and with all _____ my strength. ___

___ I will love ___ You, Lord, ___ with all ___ my heart, ___

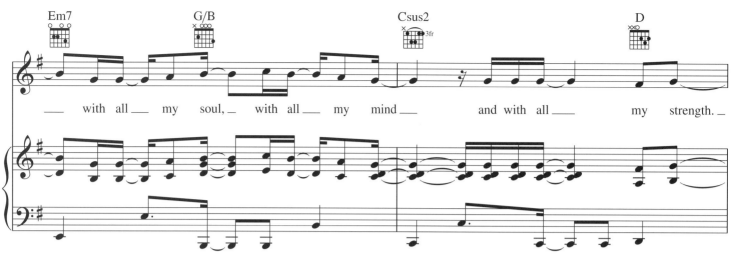

with all __ my soul, __ with all __ my mind __ and with all __ my strength. __

__ I __ will love You. Da da dum da da dum da da da.
(Lead vocal ad lib.)

__ Da da dum da da dum da da da. __ Da da dum oh, __ yeah. __

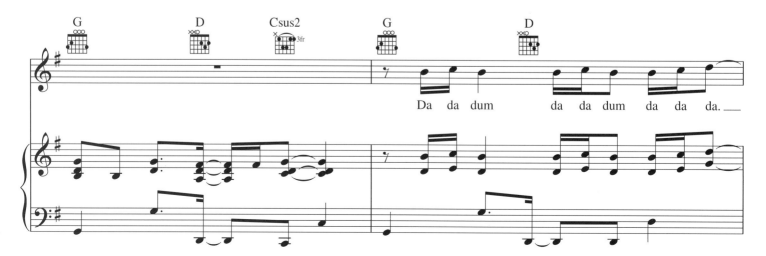

Da da dum da da dum da da da. __

Da da dum da da dum da da da. Da da dum oh, yeah.

I will love You, Lord, with all my heart,

with all my soul, with all my mind and with all my strength.

rit.

MAJESTIC

Words and Music by
LINCOLN BREWSTER

Oh, _____ oh. _____

____ O

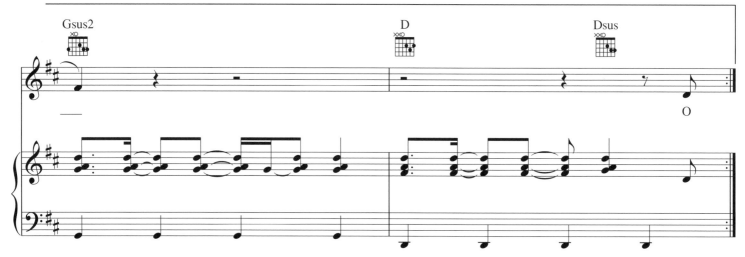

___ with the earth and I'll sing. _____ The heav - ens ___ de -

D.S. al Coda

___ with the earth and I'll give ___ my praise ___ to You. _____ Oh, _____

CODA

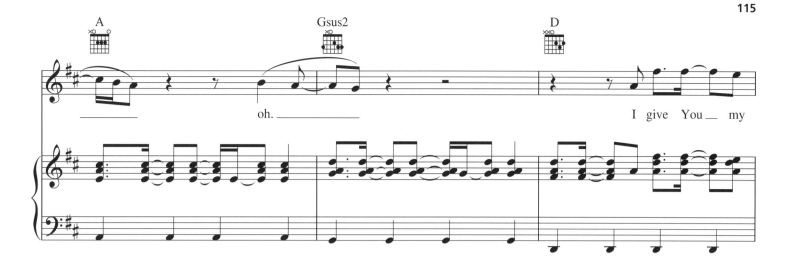

oh. _____ I give You_ my

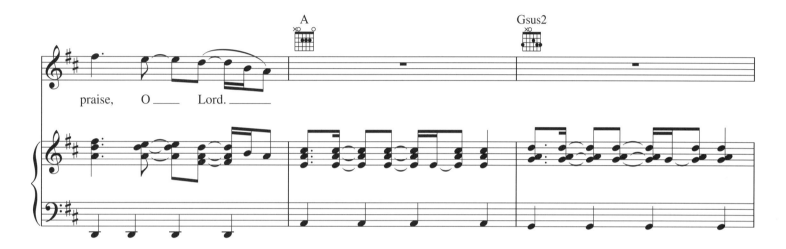

praise, O ___ Lord. _____

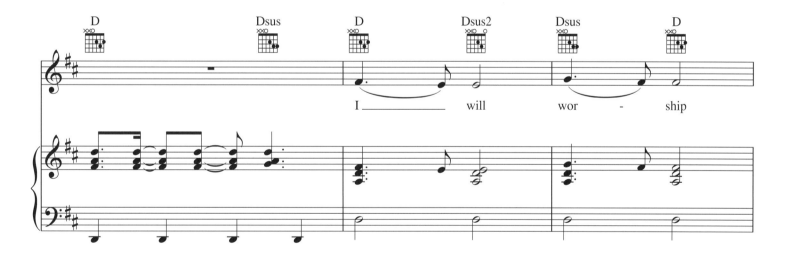

I _____ will wor - ship

You, I will wor-ship You,_ God. _ I _____ will

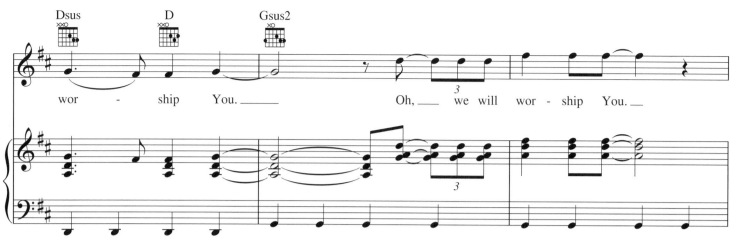

wor - ship You. _____ Oh, _____ we will wor - ship You. __

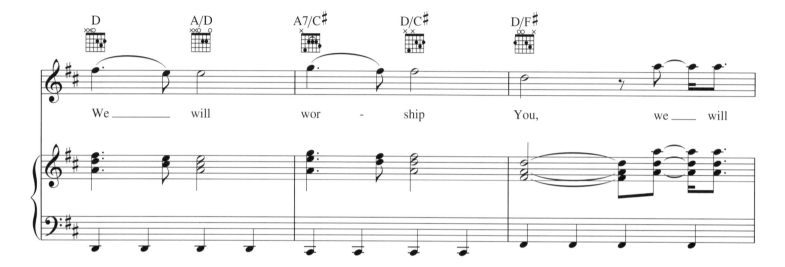

We _____ will wor - ship You, we _____ will

wor - ship __ You, Lord. We _____ will wor - ship You, __

_____ Lord. _____ The heav - ens __ de - clare Your __ great -

-ness, the o - ceans cry out to You. The moun - tains, they

bow down be - fore You. So I'll join with the earth and I'll sing.

The heav - ens de - with the earth and I'll give

my praise to You. Oh. So I'll join

___ with the earth and I'll give ___ my praise ___ to You. ___ Whoa, ___ whoa. ___

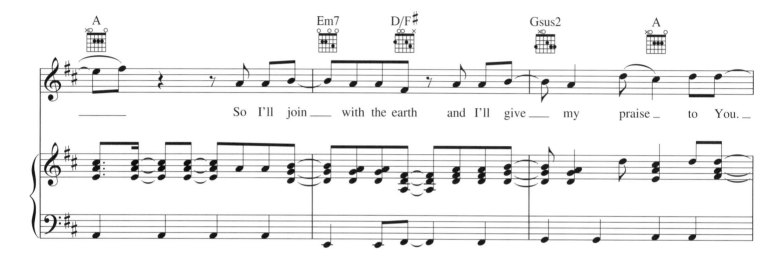

___ So I'll join ___ with the earth and I'll give ___ my praise ___ to You. ___

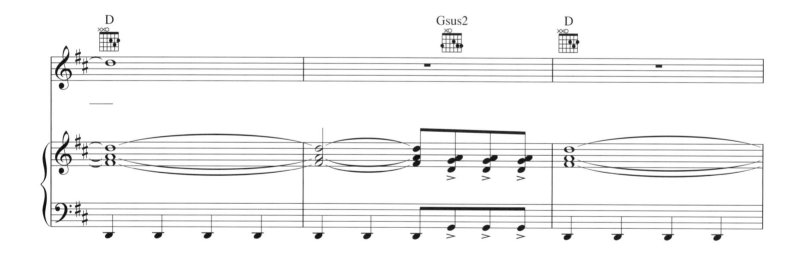

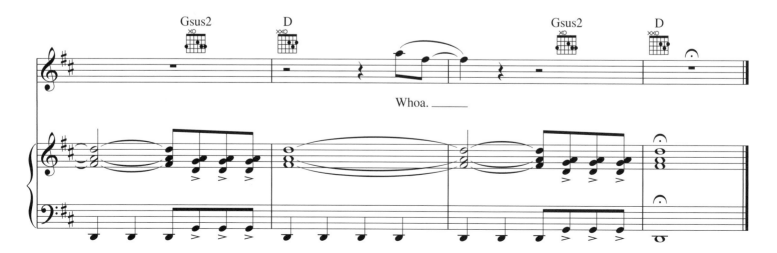

Whoa. ___

MADE ME GLAD

Words and Music by
MIRIAM WEBSTER

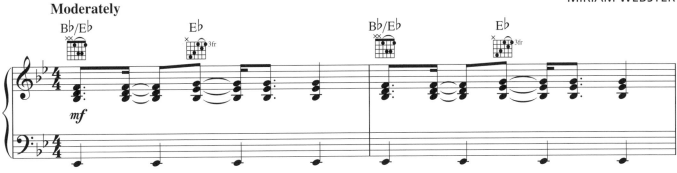

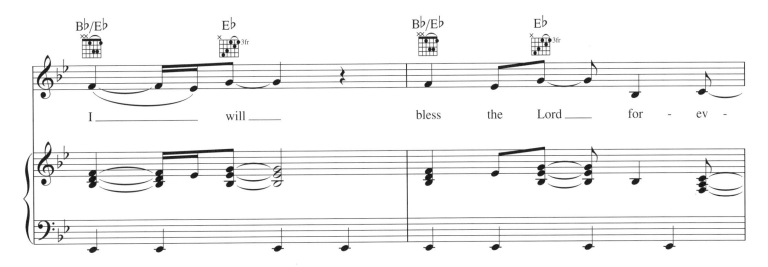

I _____ will _____ bless the Lord _____ for - ev -

- er. _____

I _____ will _____ trust Him at _____ all times. __

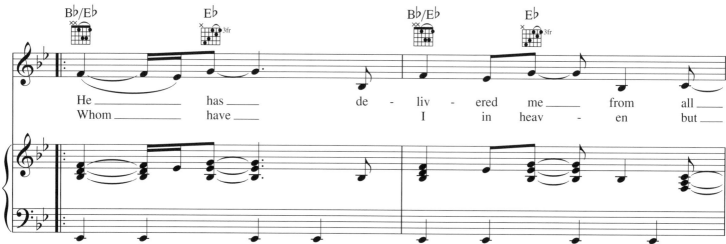

He _____ has _____ de - liv - ered me _____ from all _____
Whom _____ have _____ I in heav - en but _____

_____ fear. _____
_____ You? _____

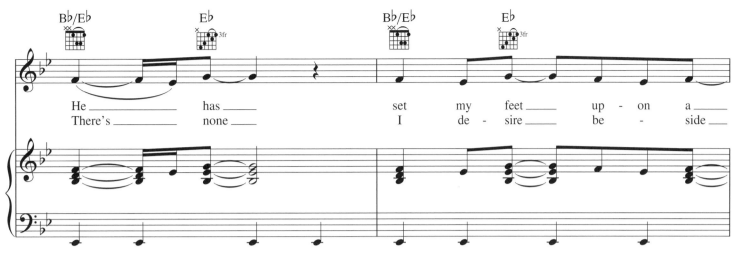

He _____ has _____ set my feet _____ up - on a _____
There's _____ none _____ I de - sire _____ be - side _____

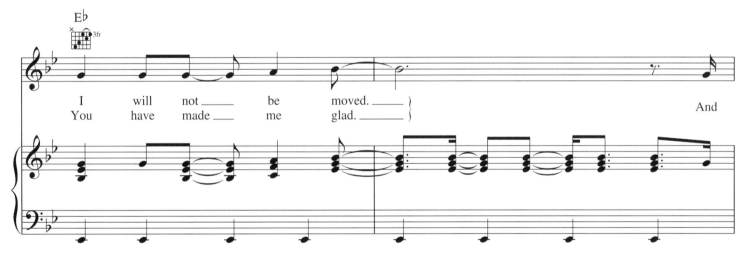

_____ rock. _____
_____ You. _____

I will not _____ be moved. _____
You have made _____ me glad. _____
And

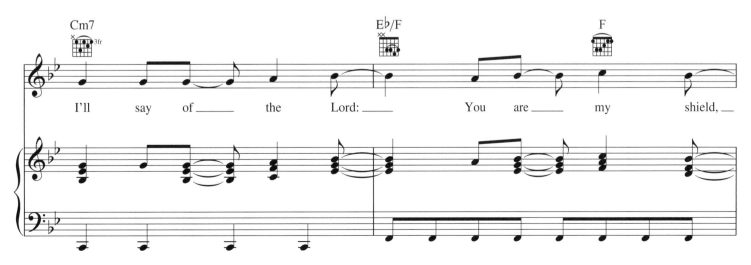

I'll say of _____ the Lord: _____ You are _____ my shield, _____

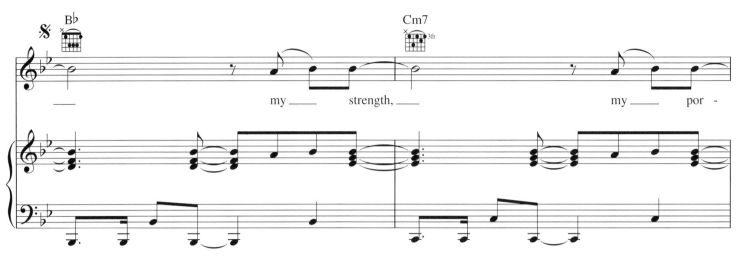

my _____ strength, _____ my _____ por -

- tion, de - liv - er - er, _____ my _____ shel -

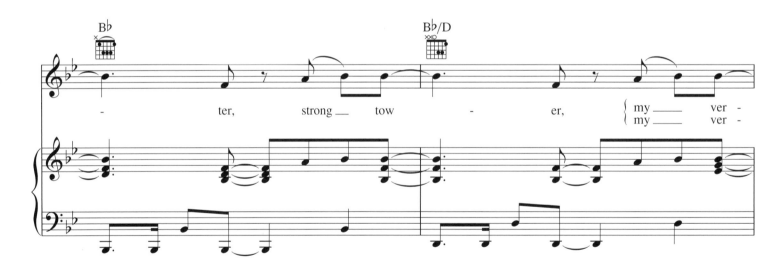

- ter, strong _____ tow - er, { my _____ ver -
my _____ ver -

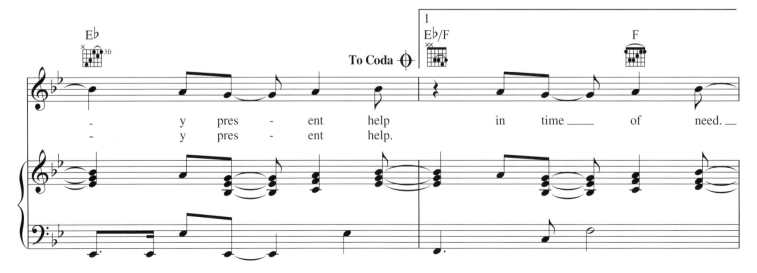

- y pres - ent help in time _____ of need. _____
- y pres - ent help.

You have made __ me glad. __

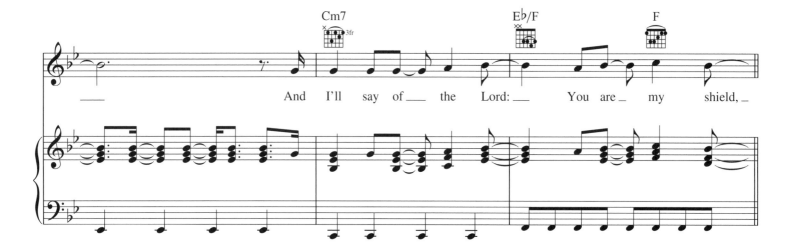

And I'll say of __ the Lord: __ You are __ my shield, __

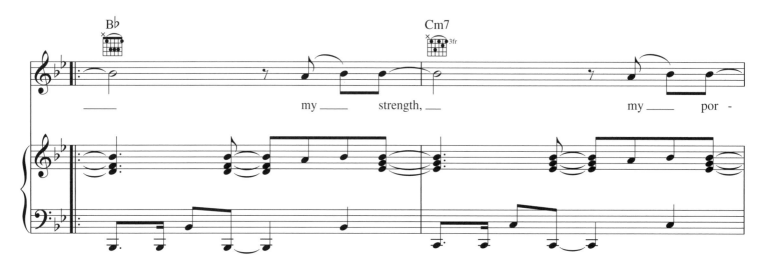

__ my __ strength, __ my __ por -

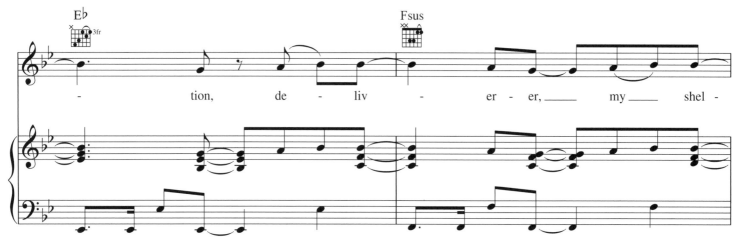

- tion, de - liv - er - er, __ my __ shel -

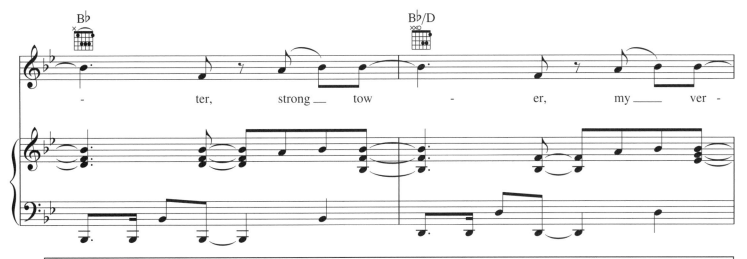

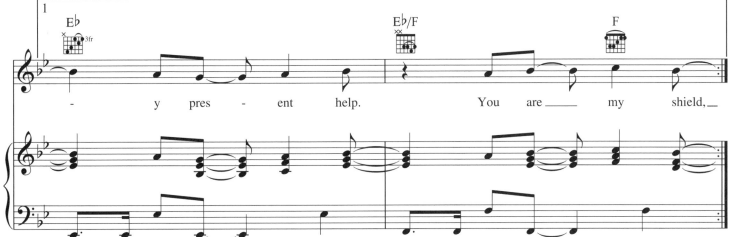

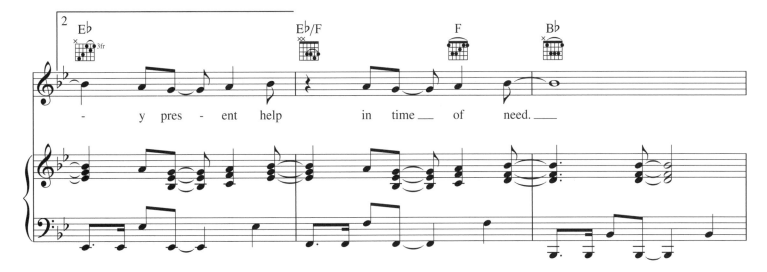

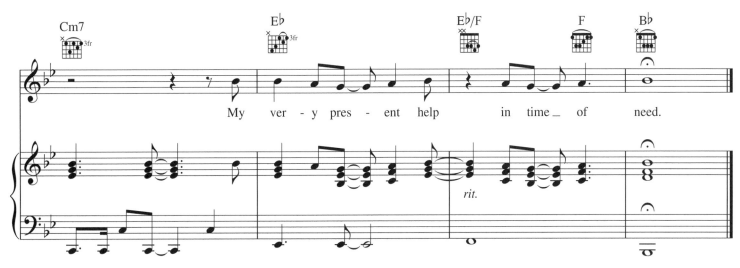

MIGHTY TO SAVE

Words and Music by BEN FIELDING
and REUBEN MORGAN

Well,
So

ev - 'ry - one needs com - pas - sion, a love that's nev - er fail -
take __ me as You find __ me, all my fears and fail -

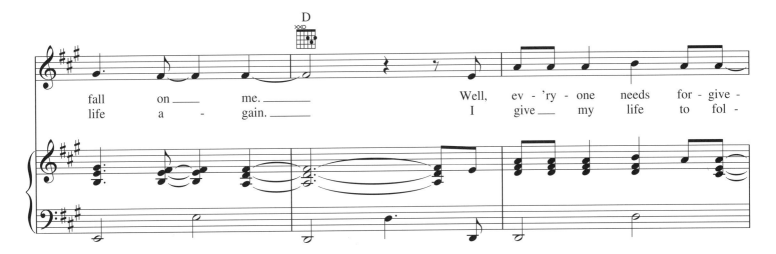

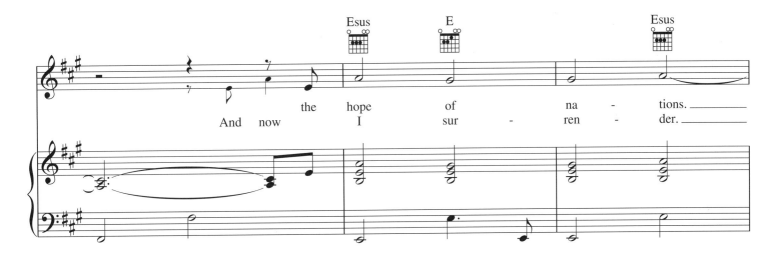

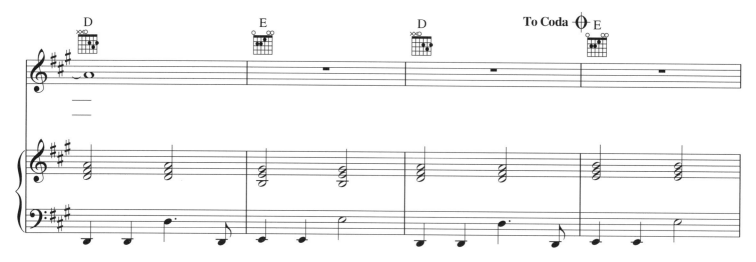

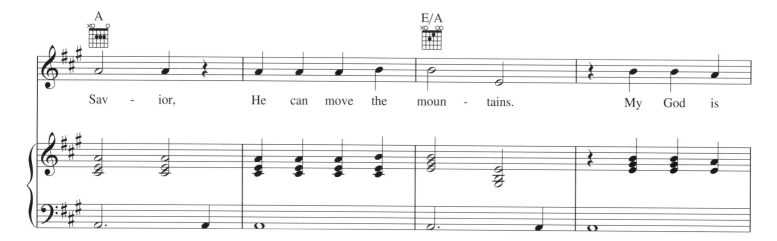

Sav - ior, He can move the moun - tains. My God is

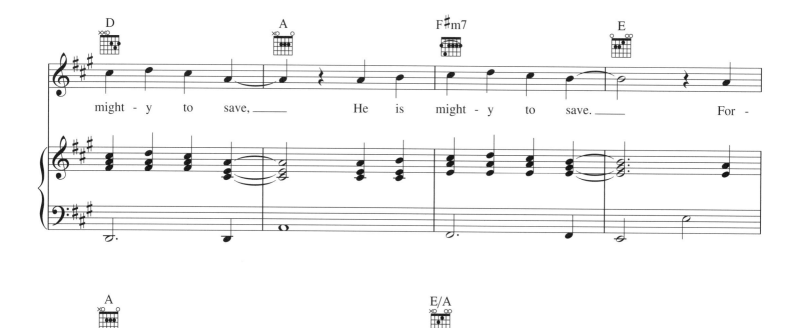

might - y to save, ____ He is might - y to save. ____ For -

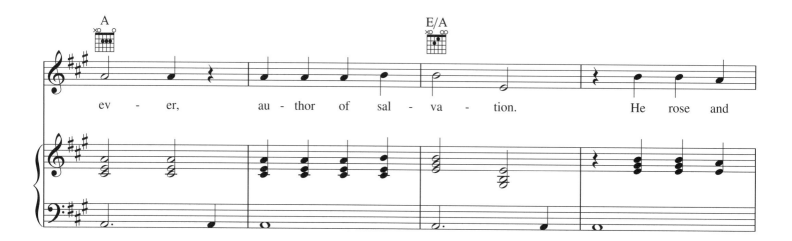

ev - er, au - thor of sal - va - tion. He rose and

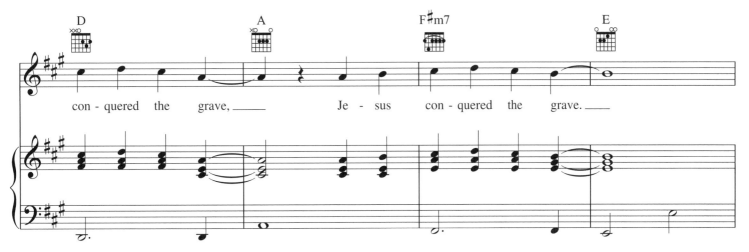

con - quered the grave, _____ Je - sus con - quered the grave. _____

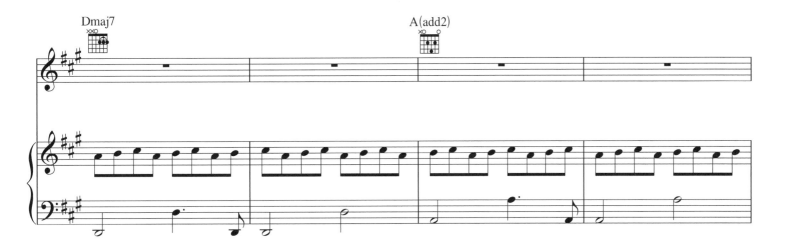

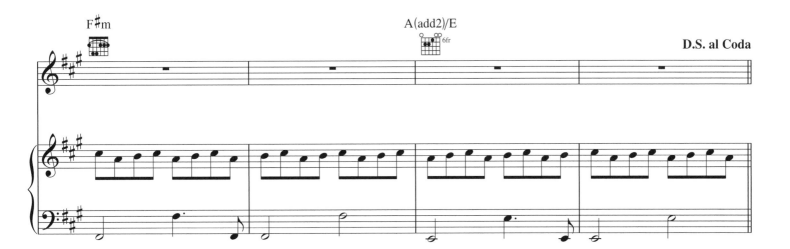

D.S. al Coda

Sav - ior, He can move the

moun - tains. My God is might - y to save, _____ He is

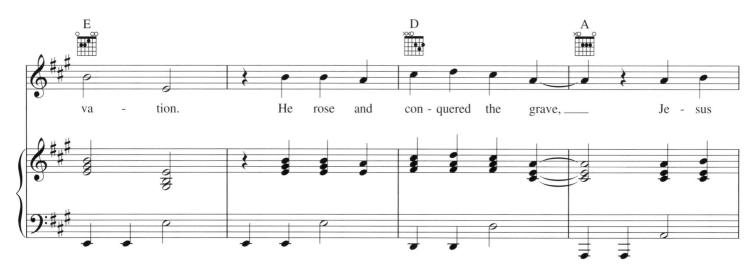

might - y to save. _____ For - ev - er, au - thor of sal -

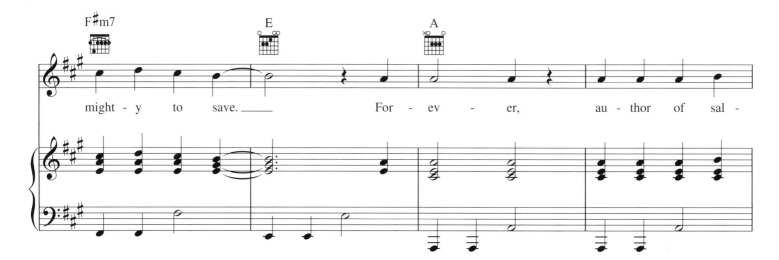

va - tion. He rose and con - quered the grave, _____ Je - sus

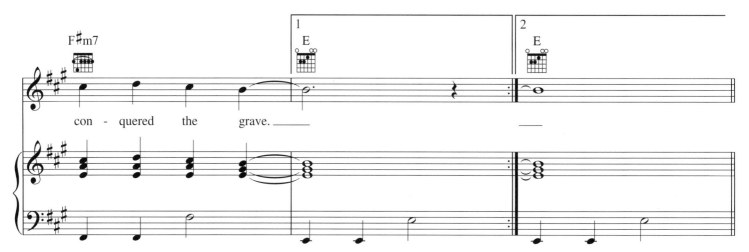

con - quered the grave. _____ _____

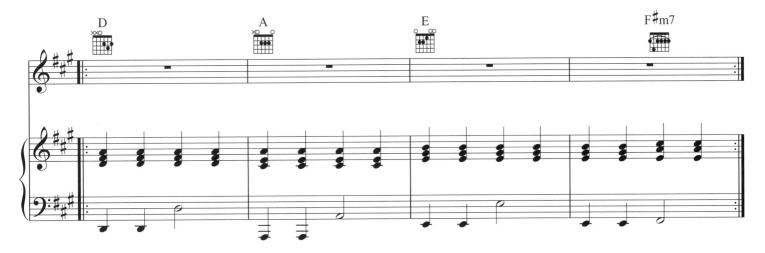

Shine Your light and let the whole world _____ see. Sing- in'

for the glo - ry of the ris - en _____ King, _____ Je - sus.

1

2

_____ Sav - ior, He can move the moun - tains.

mf

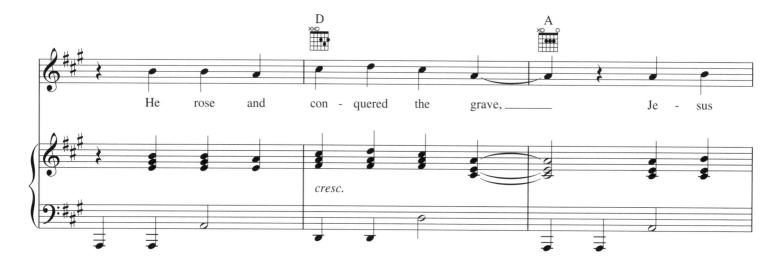

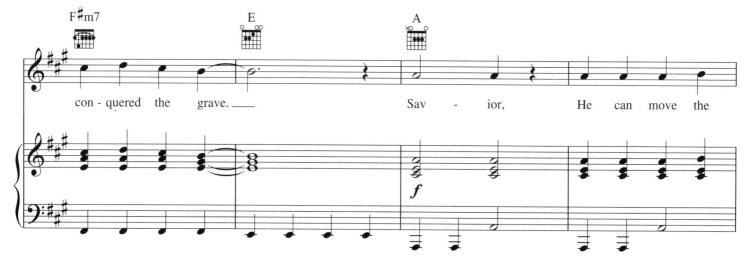

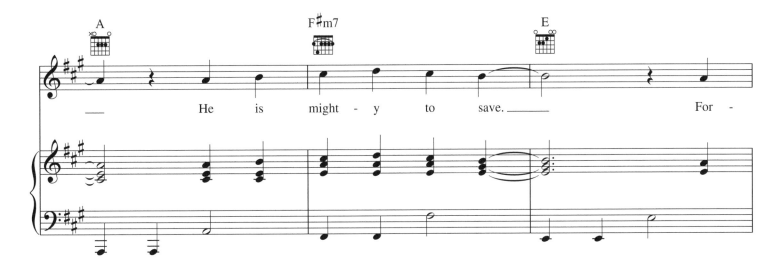

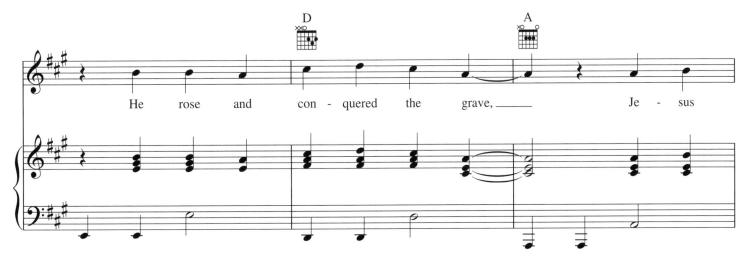

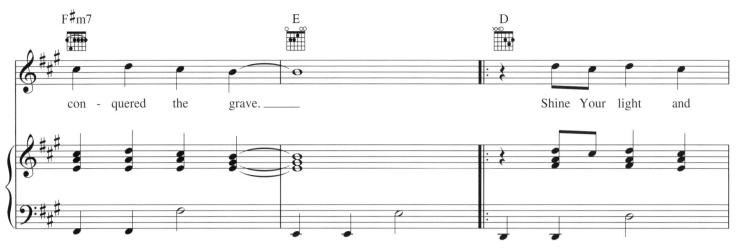

con - quered the grave. _____ Shine Your light and

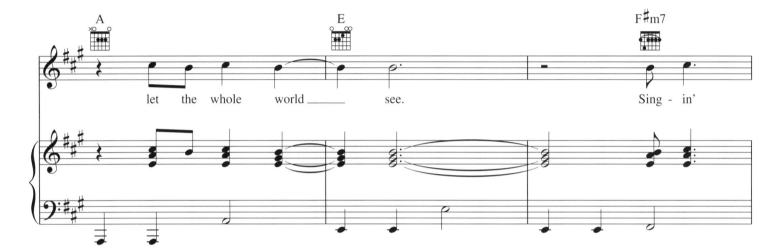

let the whole world _____ see. Sing - in'

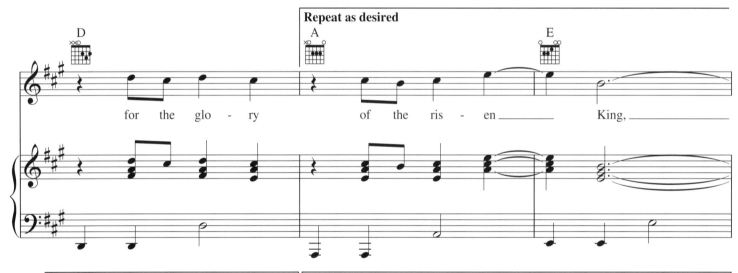

Repeat as desired

for the glo - ry of the ris - en _____ King, _____

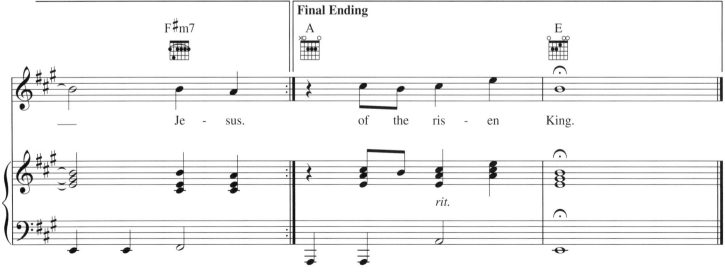

Final Ending

_____ Je - sus. of the ris - en King.

rit.

OFFERING

Words and Music by
PAUL BALOCHE

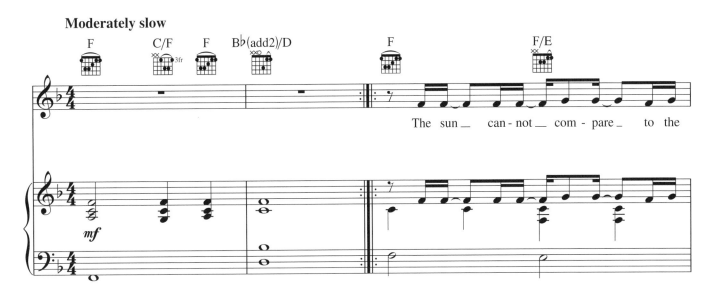

The sun— can-not— com-pare— to the

glo-ry of — Your love.— There is— no shad-ow in— Your pres-

-ence. No mor-tal man— would dare— to stand—

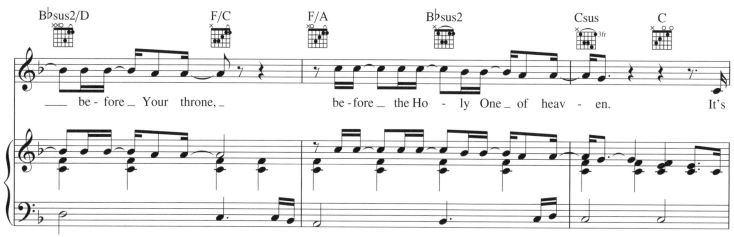

___ be-fore ___ Your throne, ___ be-fore ___ the Ho - ly One ___ of heav - en. ___ It's

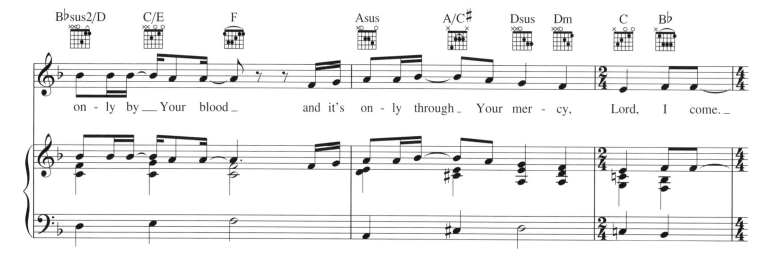

on - ly by ___ Your blood ___ and it's on - ly through ___ Your mer - cy, Lord, I come. ___

___ I bring an of - fer - ing ___ of wor - ship to ___ my King. ___

No one on earth ___ de - serves ___ the prais - es that ___ I sing. ___

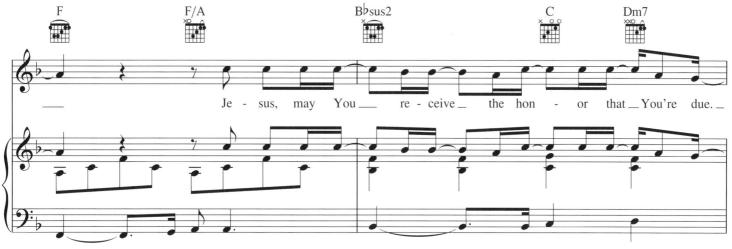

Je - sus, may You__ re - ceive__ the hon - or that__ You're due.__

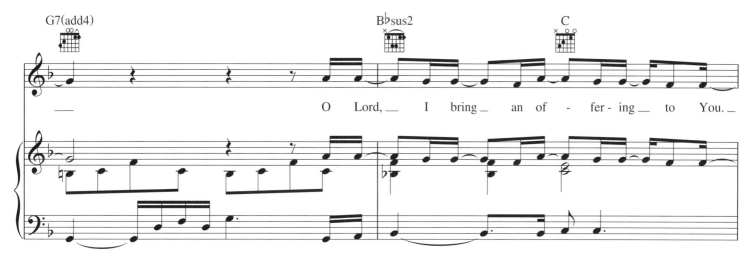

O Lord,__ I bring__ an of - fer - ing__ to You.__

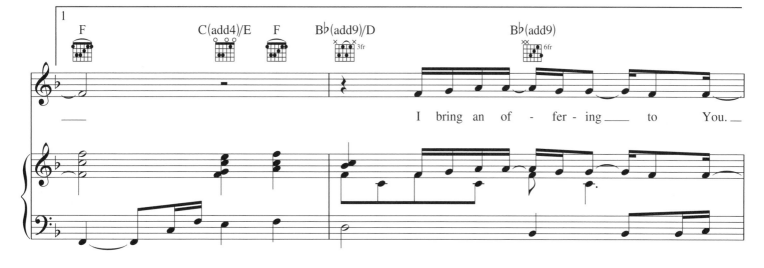

I bring an of - fer - ing ___ to You.__

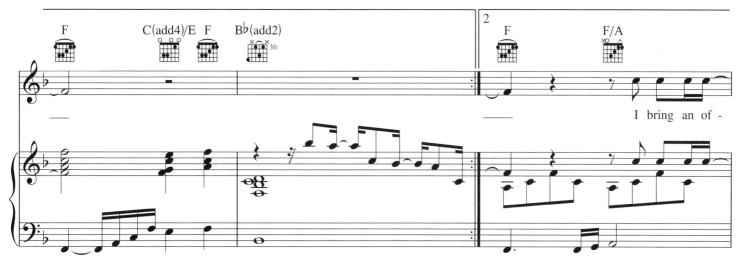

I bring an of -

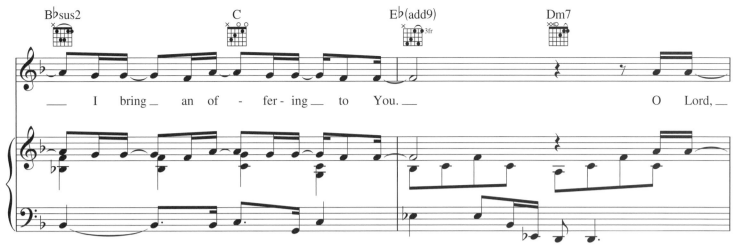

I bring _ an of - fer-ing _ to You. _ O Lord, _

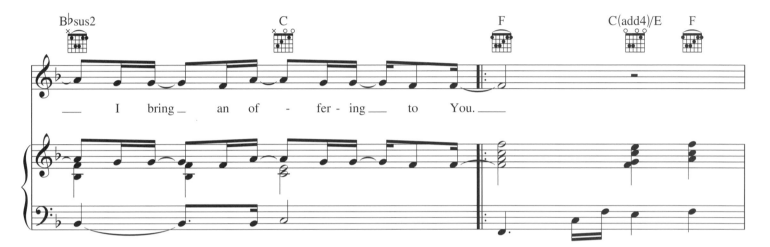

_ I bring _ an of - fer - ing _ to You. _

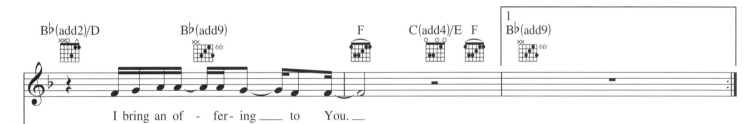

I bring an of - fer - ing _ to You. _

Vocal ad lib.

MY SAVIOR LIVES

Words and Music by JON EGAN
and GLENN PACKIAM

Driving Rock

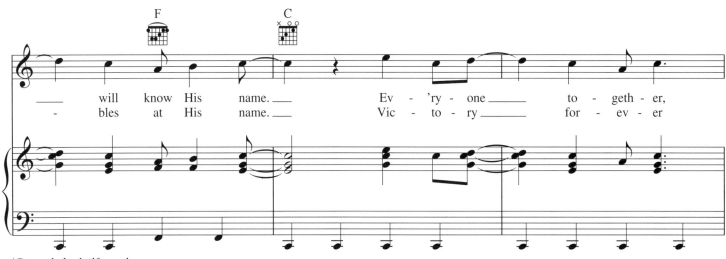

Our God will reign _____ for - ev - er, and all the world _____
The King has come _____ from Heav - en, and dark - ness trem -

_____ will know His name. _____ Ev - 'ry - one _____ to - geth - er,
- bles at His name. _____ Vic - to - ry _____ for - ev - er

Recorded a half step lower.

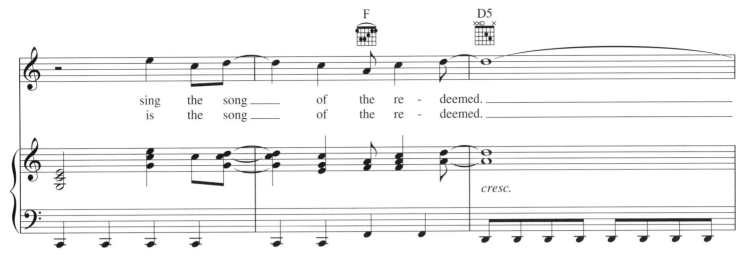

sing the song ___ of the re - deemed. ___
is the song ___ of the re - deemed. ___

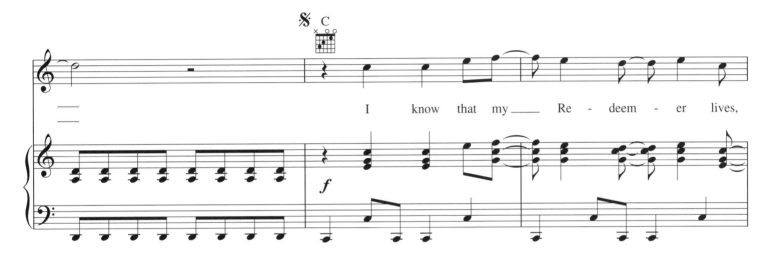

___ I know that my ___ Re - deem - er lives,

and now I stand ___ on what ___ He did. My Sav - ior,

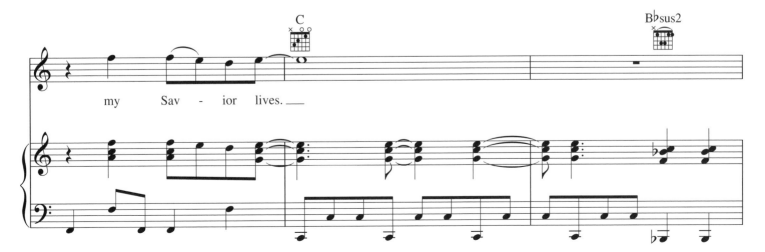

my Sav - ior lives. ___

Ev - 'ry day a brand - new chance _ to say, "Je - sus, You are _

_ the on - ly way." My Sav - ior, my Sav - ior lives. _

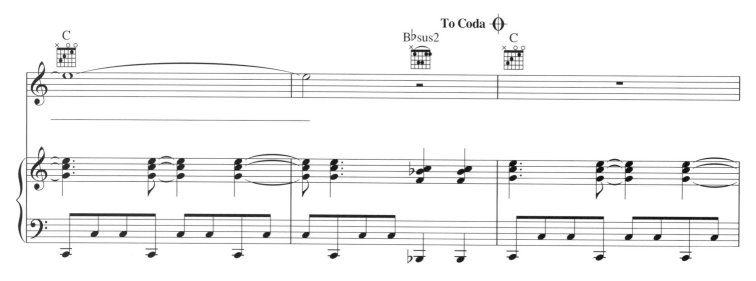

To Coda ⊕

My Sav - ior _____ lives, _____ yeah.

My Sav - ior ___ lives, my

Sav - ior ___ lives, my Sav - ior ___

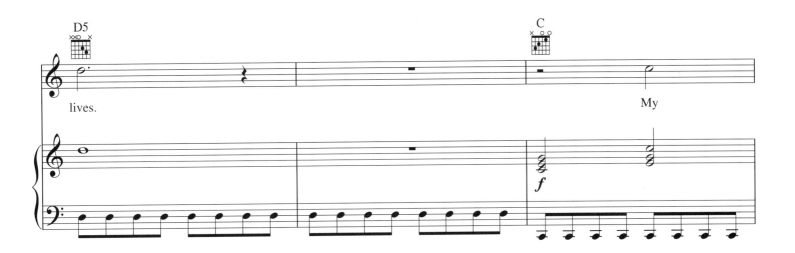

lives. My

Sav - ior _____ lives, my Sav - ior _____

lives, my Sav - ior lives. _____

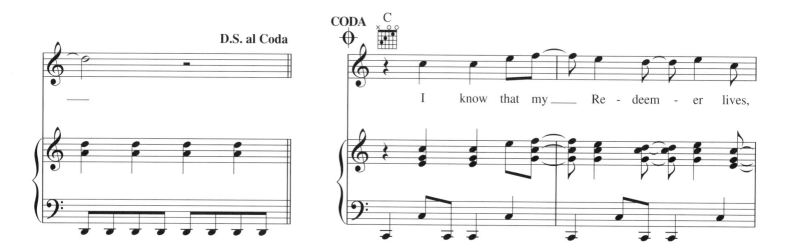

D.S. al Coda

_____

CODA

I know that my _____ Re - deem - er lives,

and now I stand _____ on what _____ He did. My Sav - ior,

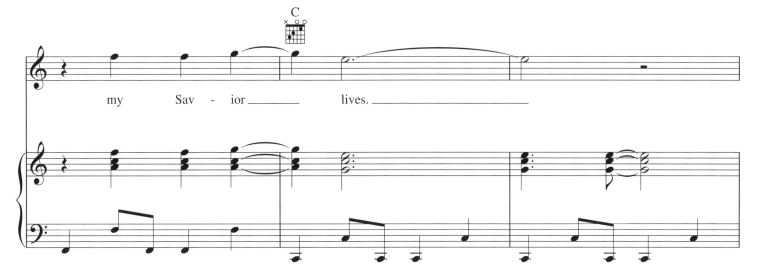

my Sav - ior _____ lives. _____

My Sav - ior, my Sav - ior _____ lives.

My Sav - ior, my Sav - ior lives.

NO SWEETER NAME

Words and Music by
KARI JOBE

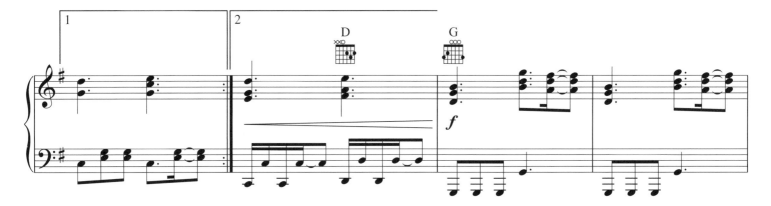

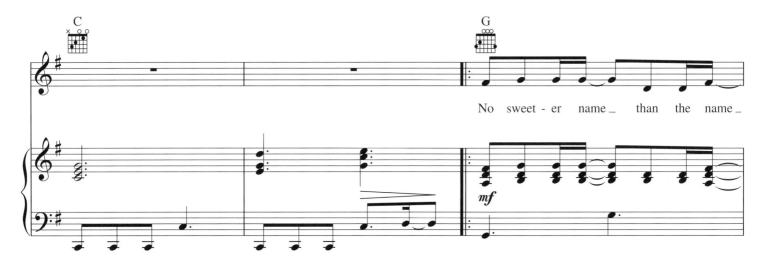

No sweet-er name _ than the name _

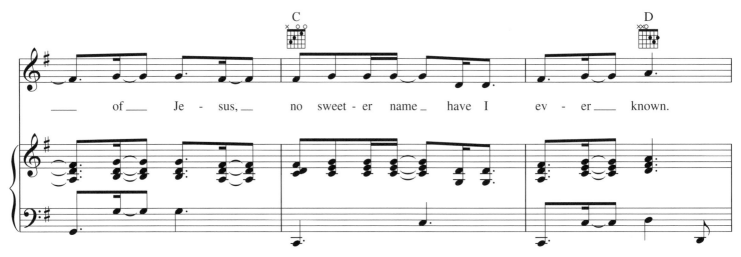

_____ of _ Je - sus, _ no sweet-er name _ have I ev - er _ known.

No sweet-er name___ than the name___ of___ Je - sus.___

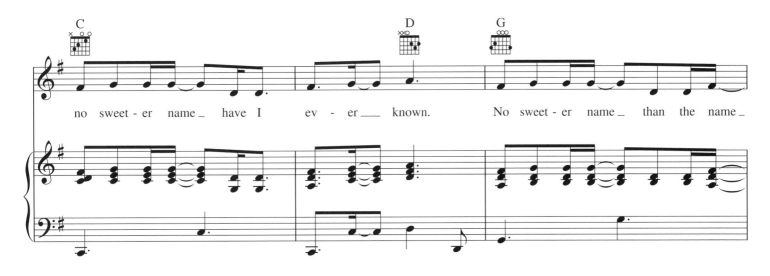

Oh,___ no.___ No sweet-er name___ than the name___ of___ Je - sus,___

no sweet-er name___ have I ev-er___ known. No sweet-er name___ than the name___

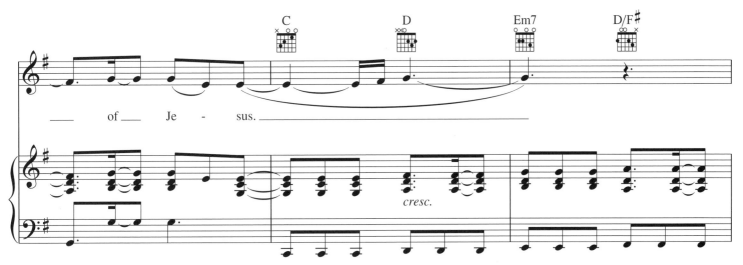

___ of___ Je - sus._____

cresc.

You are the life ___ to my heart and my soul, You are the light ___ to the dark-ness a-round me. You are the hope ___ to the hope-less and bro-ken,

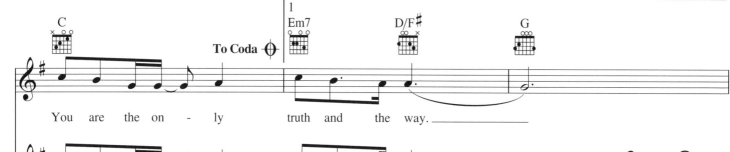

You are the on - ly truth and the way. ___

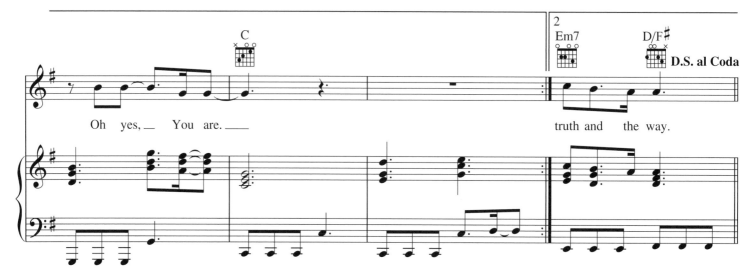

Oh yes, ___ You are. ___ truth and the way.

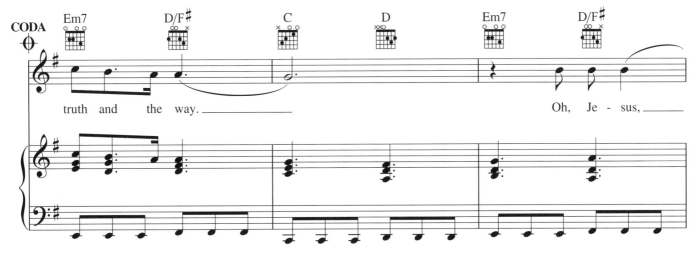

truth and the way. _____ Oh, Je - sus, _____

_____ oh yes, You are.

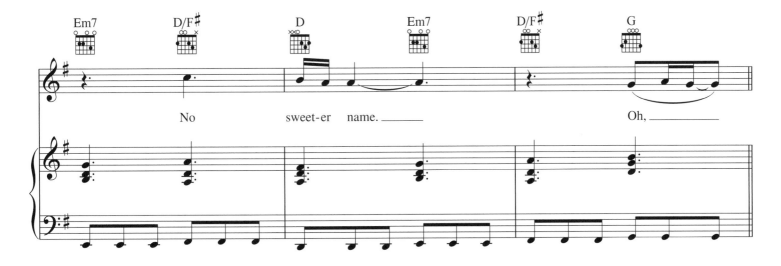

No sweet-er name. _____ Oh, _____

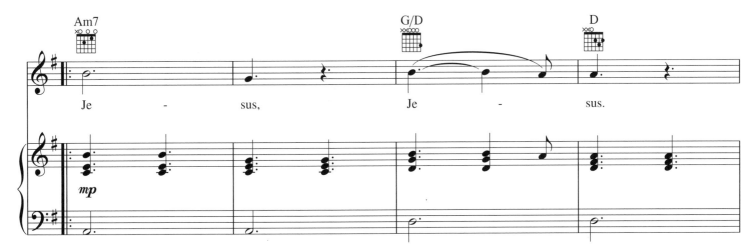

Je - sus, Je - sus.

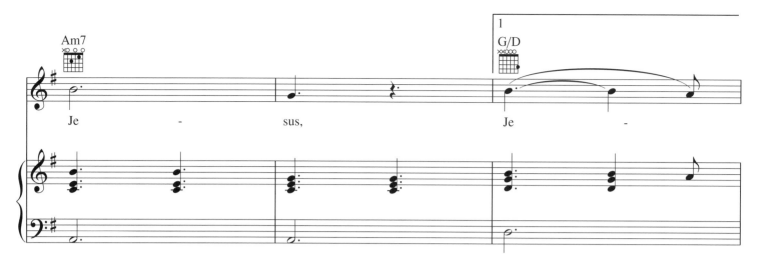

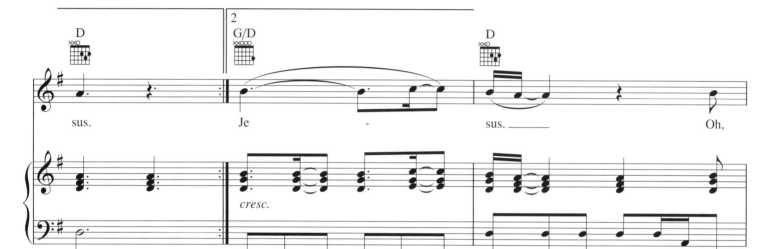

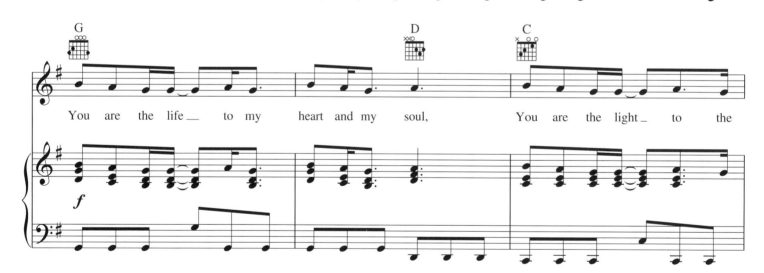

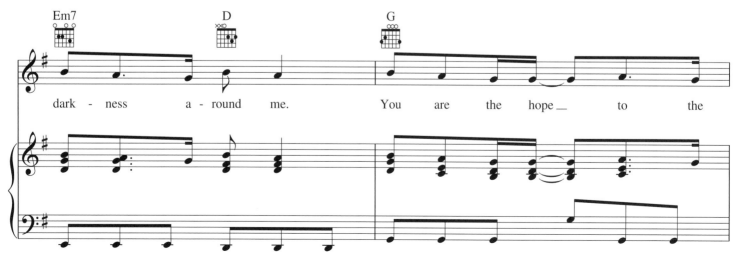

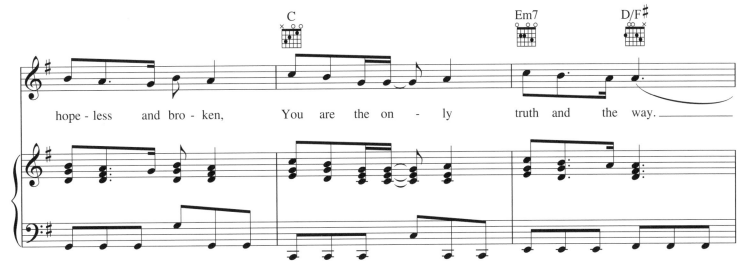

hope - less and bro - ken, You are the on - ly truth and the way.

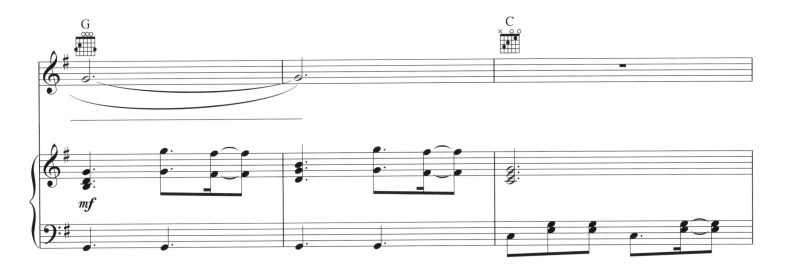

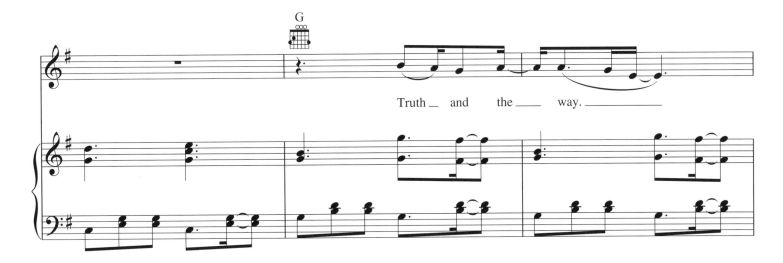

Truth __ and the __ way. ___

rit.

OUR GOD SAVES

Words and Music by PAUL BALOCHE
and BRENTON BROWN

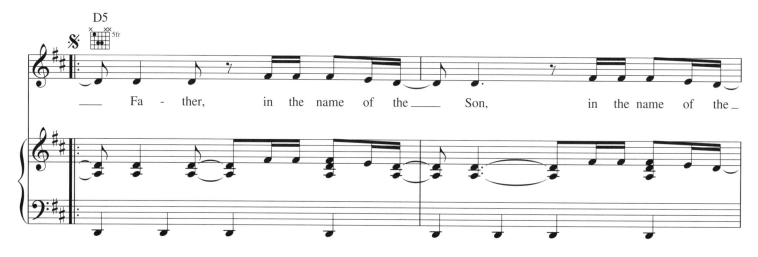

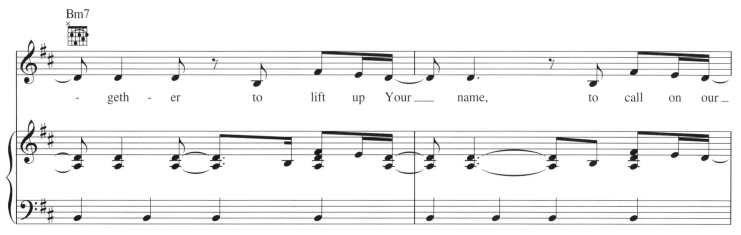

-geth - er to lift up Your __ name, to call on our __

__ Sav - ior, to fall on Your __ grace.

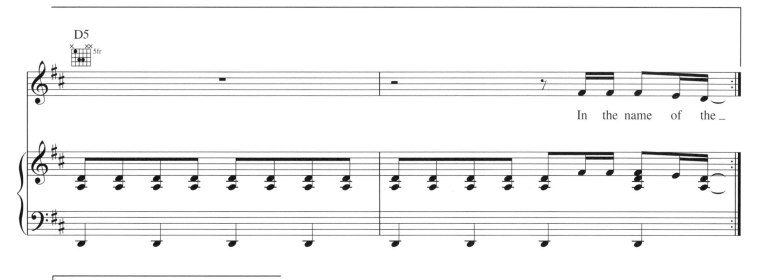

In the name of the __

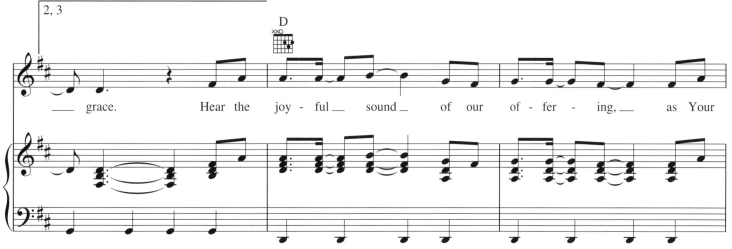

__ grace. Hear the joy - ful __ sound __ of our of - fer - ing, __ as Your

saints bow down, as Your peo-ple sing. We will rise with You, lift-ed

on Your wings, and the world will see that our God

saves, our God saves.

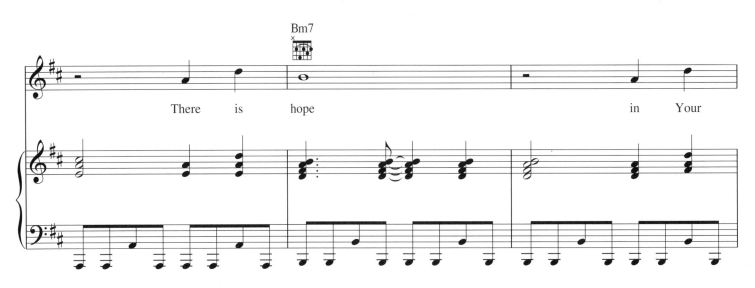

There is hope in Your

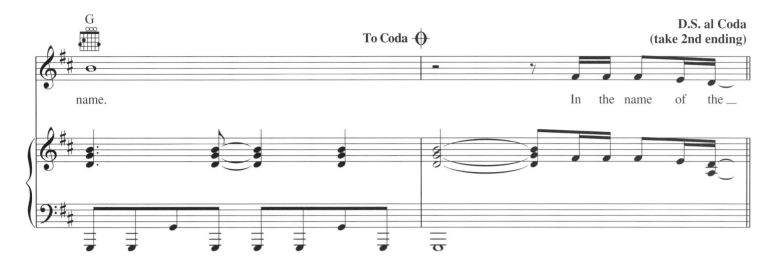

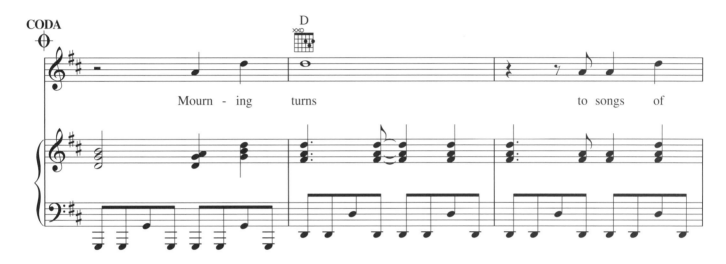

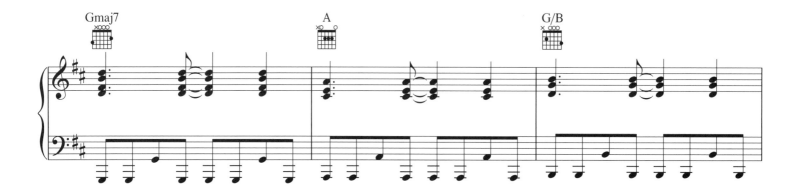

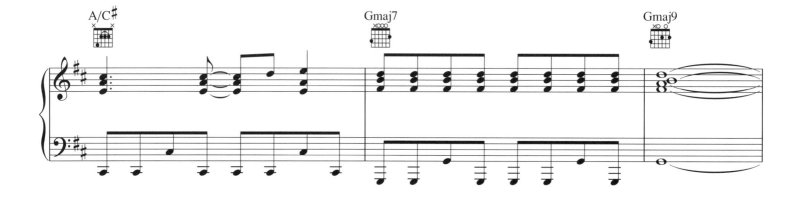

Hear the joy - ful __ sound __ of our of - fer - ing, __ as Your

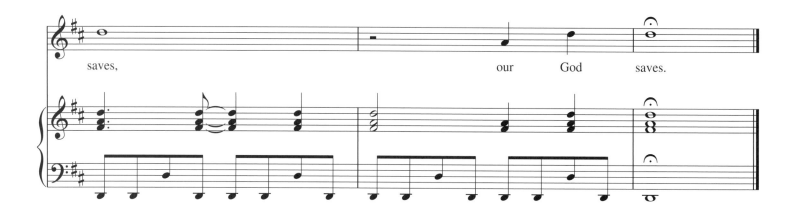

ONE WAY

Words and Music by JOEL HOUSTON
and JONATHON DOUGLASS

With a driving beat

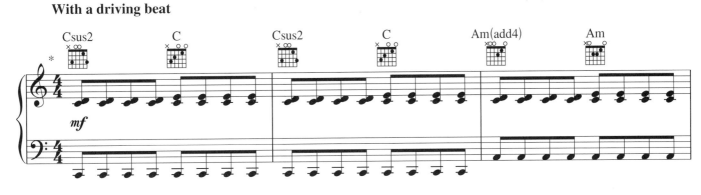

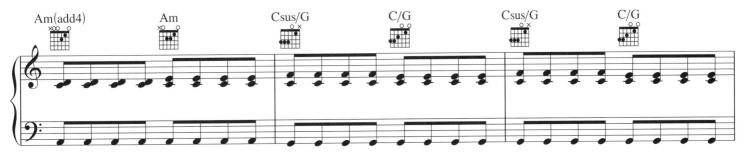

I lay my life down __
You are al - ways, __

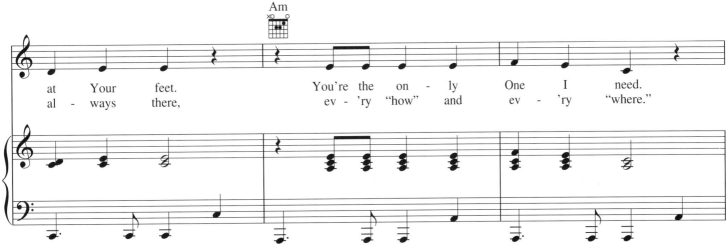

at Your feet.   You're the on - ly   One I need.
al - ways there,   ev - 'ry "how" and   ev - 'ry "where."

*Recorded a half step lower.

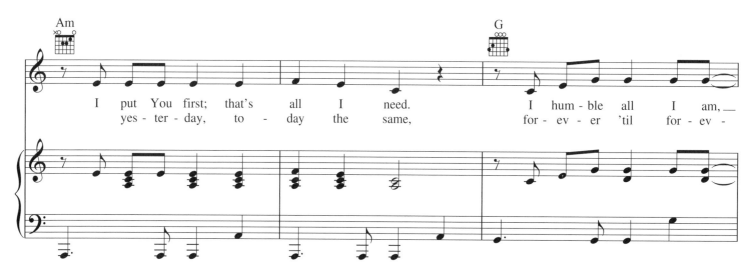

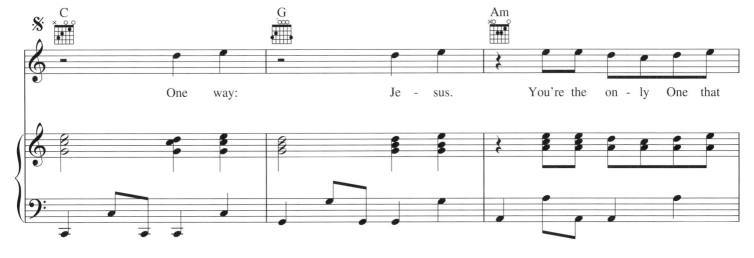

One way: Je - sus. You're the on - ly One that

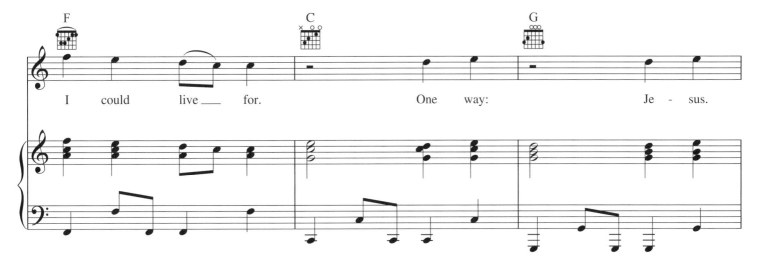

I could live __ for. One way: Je - sus.

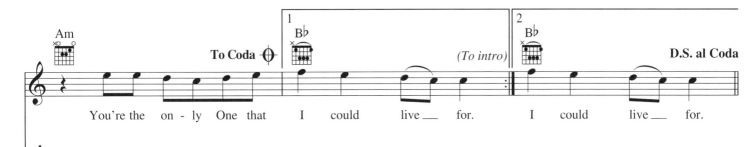

You're the on - ly One that I could live __ for. I could live __ for.

I could live __ for. You are the Way, the Truth __ and the Life. We live __

____ by faith ____ and not ____ by sight ____ for You; ____ we're

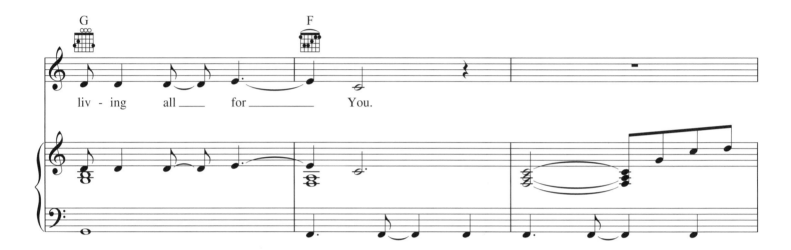

liv - ing all ____ for _____ You.

You are the Way, the Truth ____ and the Life. We live ____ by faith ____ and not __

____ by sight for You; ____ we're liv - ing all ____ for _____

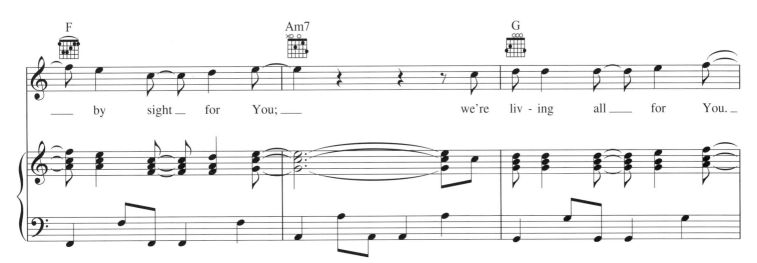

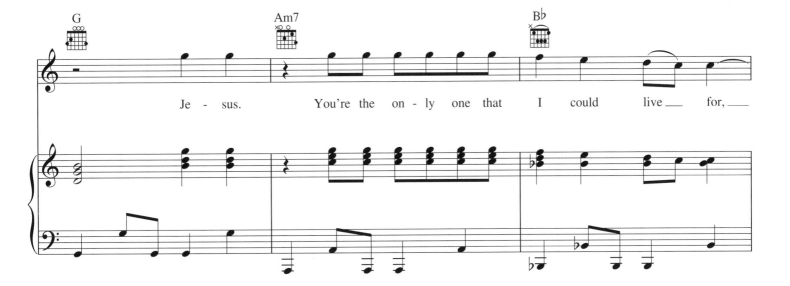

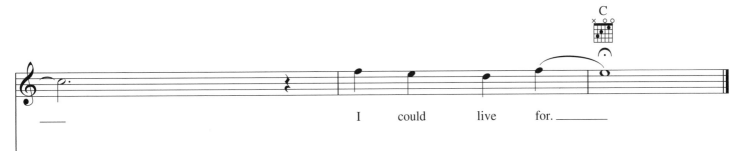

PROMISES

Words and Music by
JARED ANDERSON

Up-tempo Rock

All of Your prom-is-es won't let go ____ of me.

drums only

(All of Your prom-is-es won't let go ____ of me.)

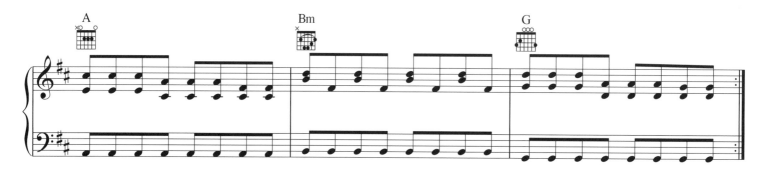

I've sur-ren-dered my life ____ to Your ways, ____

and I have learned what it means ___ to o - bey. ___

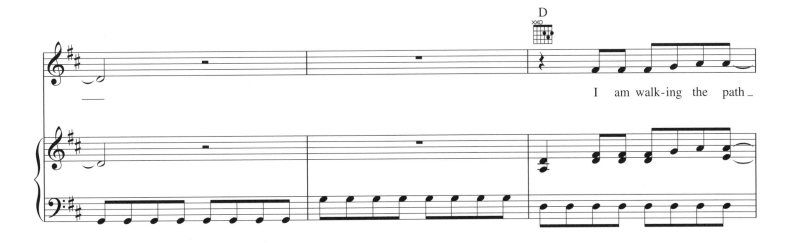

Je - sus, my heart ___ has been changed ___ by You. ___

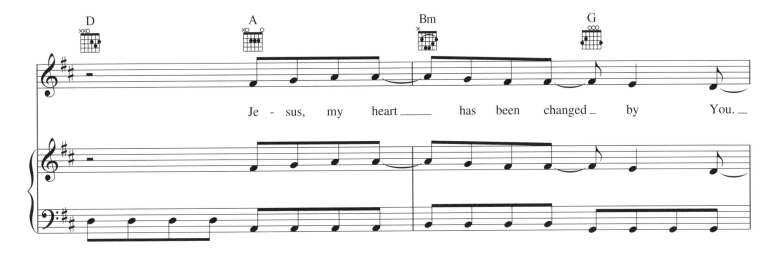

I am walk-ing the path ___

___ You have made, ___ and I am seek - ing the truth ___

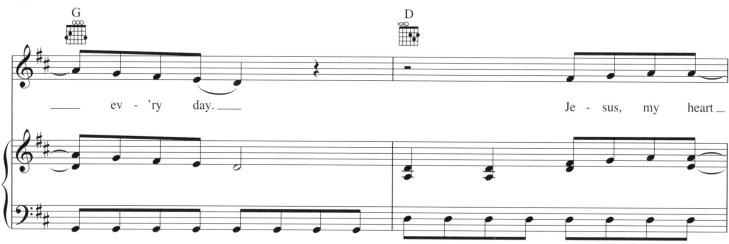

ev - 'ry day. ____ Je - sus, my heart ____

has been changed ____ by ____ You.

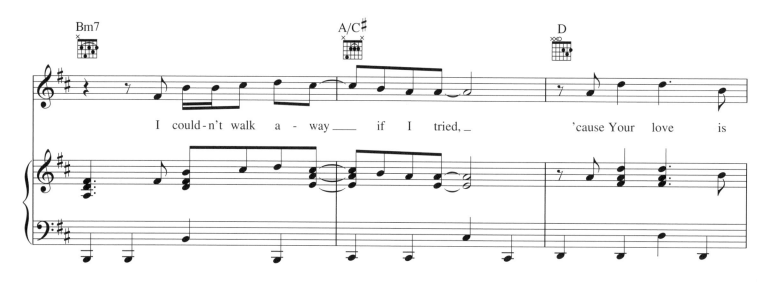

I could - n't walk a - way ____ if I tried, ____ 'cause Your love is

bet - ter than life. The sun's ____ shin - ing bright ____ and it just ____ won't set, ____ 'cause Your love ____

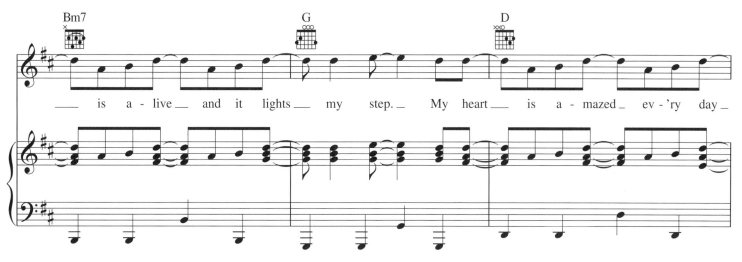

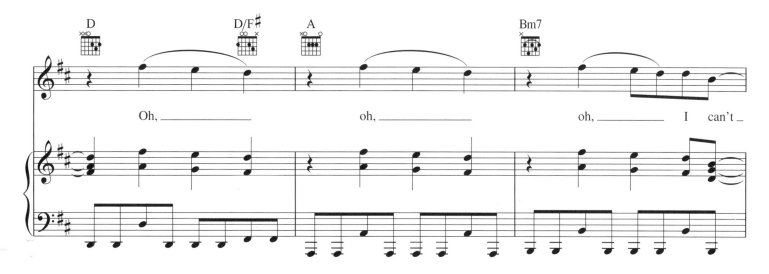

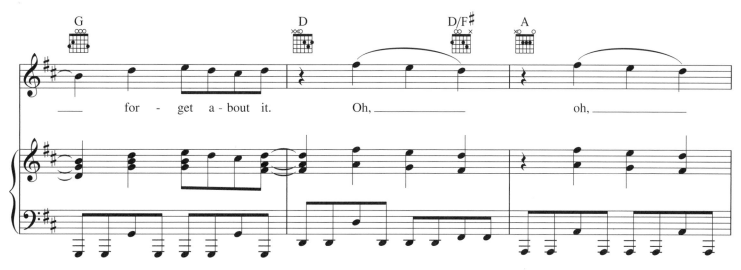

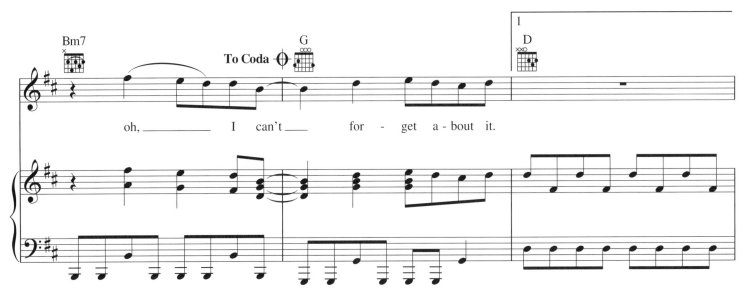

oh, _____ I can't _____ for - get a - bout it.

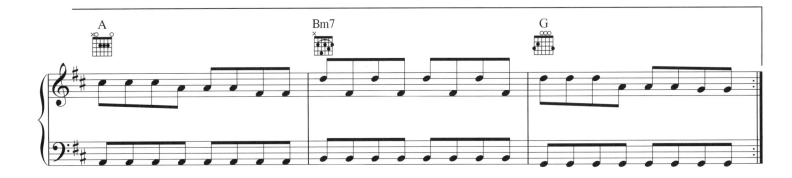

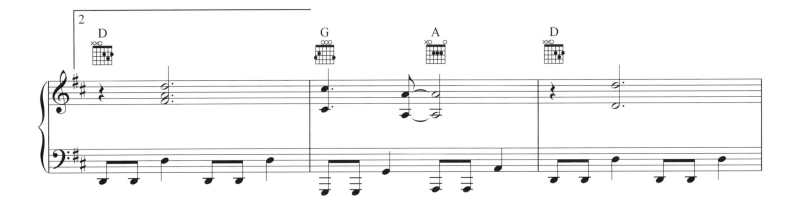

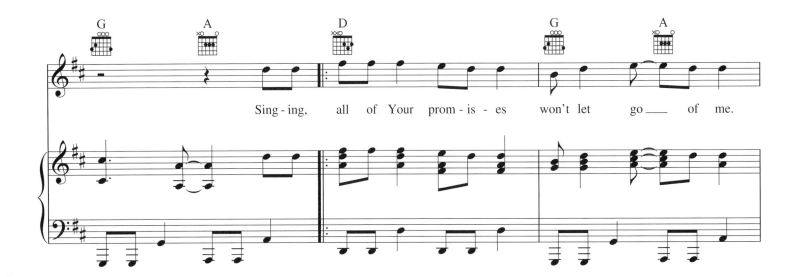

Sing - ing, all of Your prom - is - es won't let go ___ of me.

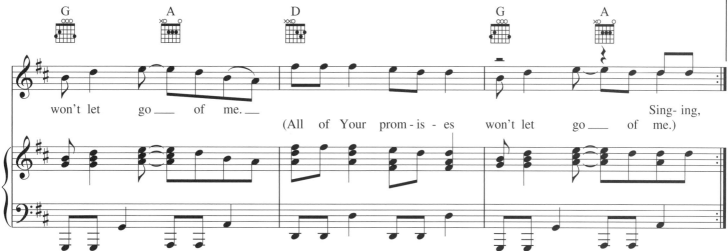

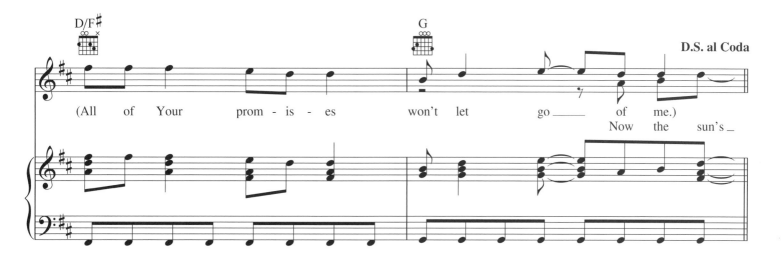

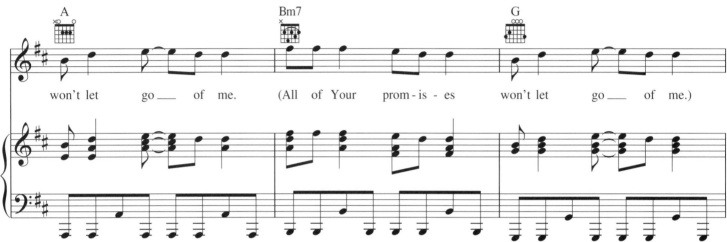

RESCUE

Words and Music by
JARED ANDERSON

Moderate groove

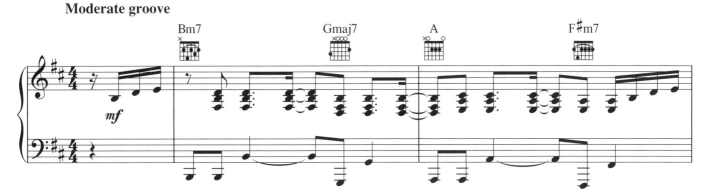

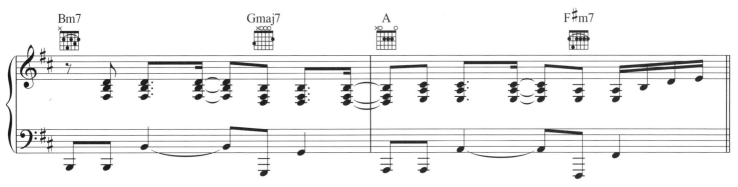

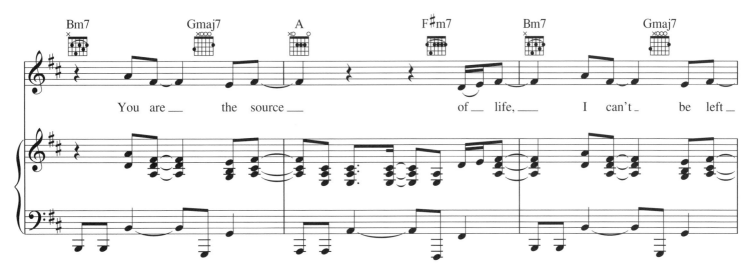

You are ___ the source ___ of ___ life, ___ I can't ___ be left ___

___ be - hind. ___ No one else ___ will do, ___

I will ___ take hold ___ of You. ___ I need You, Je-

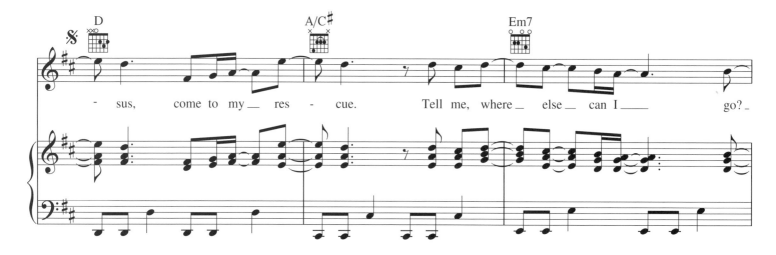

-sus, come to my ___ res - cue. Tell me, where ___ else ___ can I ___ go? ___

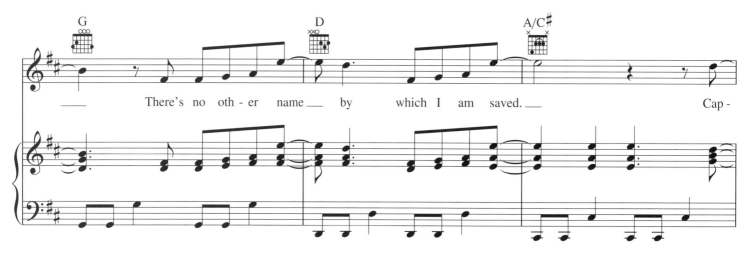

___ There's no oth - er name ___ by which I am saved. ___ Cap-

-ture me ___ with grace, ___ I will fol - low You. ___

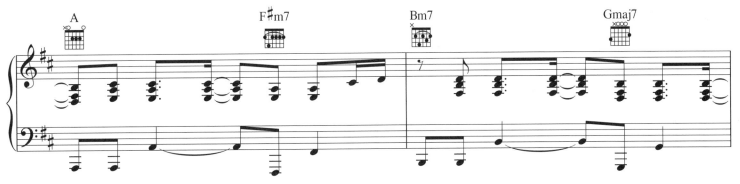

My heart __ is Yours __ for __ life, __

__ I need __ Your hand __ in __ mine. __ No one else __ will do, __

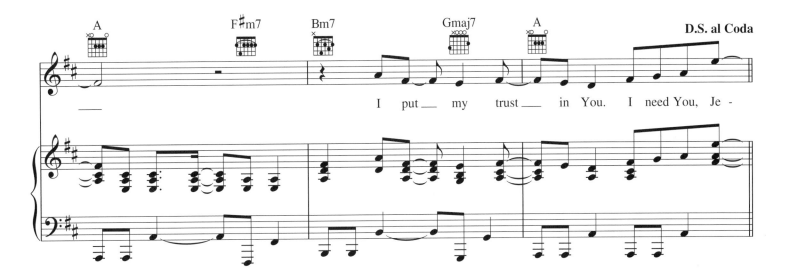

D.S. al Coda

__ I put __ my trust __ in You. I need You, Je -

I will __ fol - low You. __

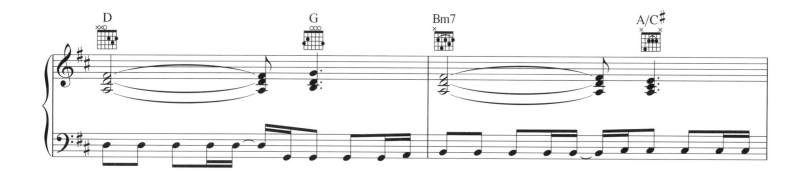

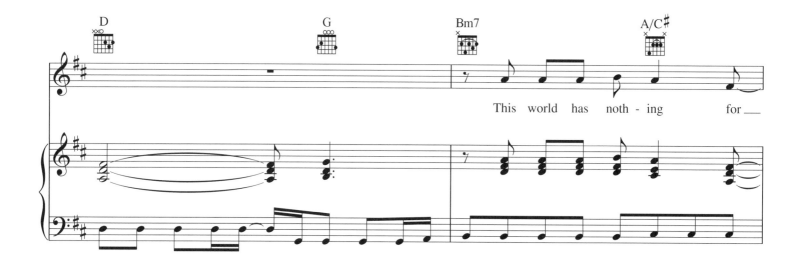

This world has noth - ing for __

__ me, __ this world has noth - ing for __

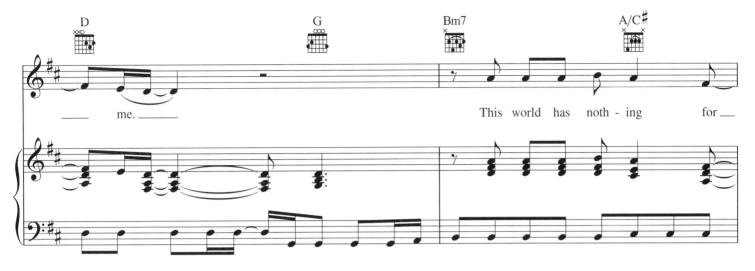

me. ___ This world has noth-ing for ___

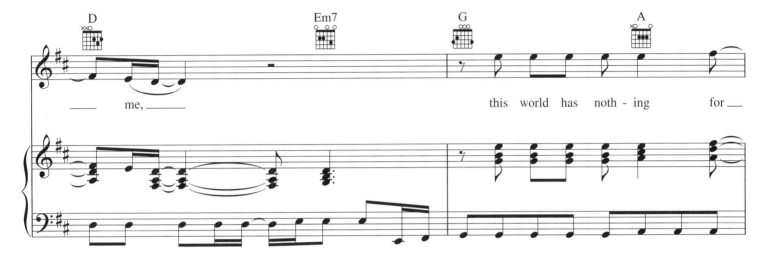

me, ___ this world has noth-ing for ___

me. ___ I need You, Je - sus, ___ to come to my ___ res -

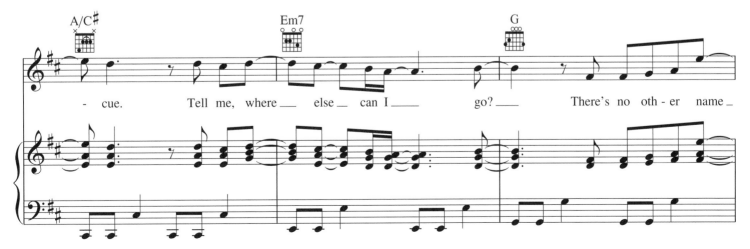

- cue. Tell me, where ___ else can I ___ go? ___ There's no oth-er name ___

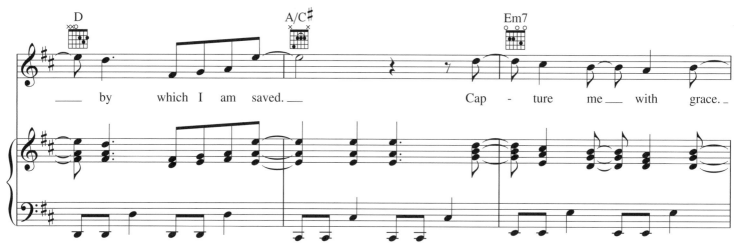

by which I am saved. ___ Cap - ture me ___ with grace. ___

___ 'Cause I need You, Je - sus, ___ to come to my ___ res - cue. Tell me, where ___

___ else ___ can I ___ go? ___ There's no oth - er name ___ by which I am saved. ___

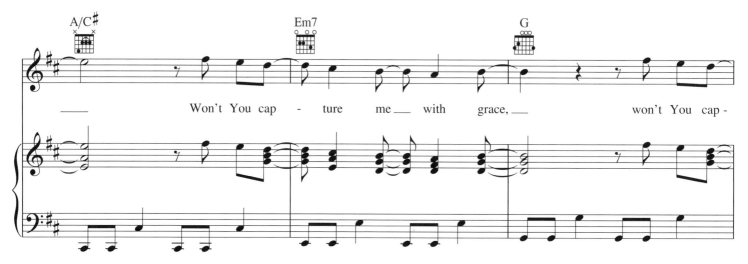

___ Won't You cap - ture me ___ with grace, ___ won't You cap -

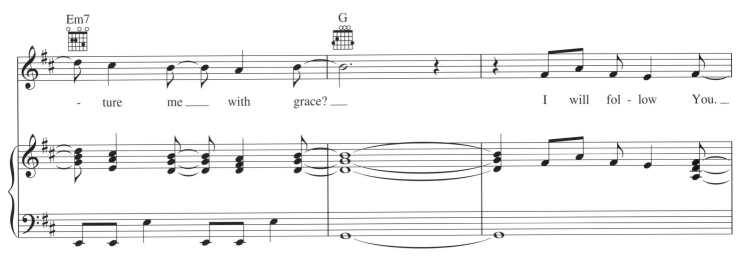

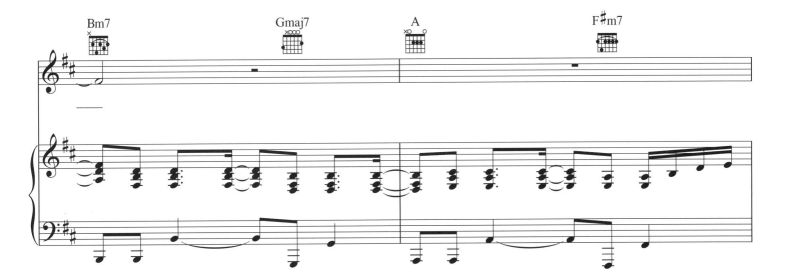

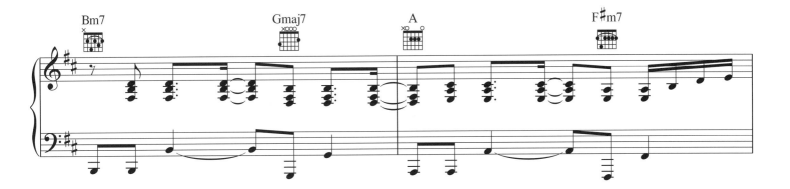

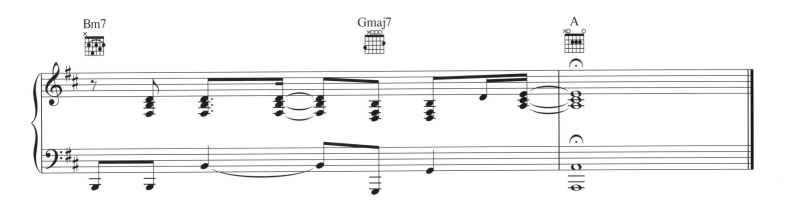

REVELATION SONG

Words and Music by
JENNIE LEE RIDDLE

With praise

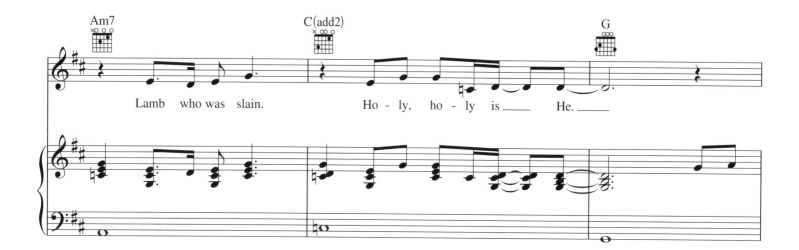

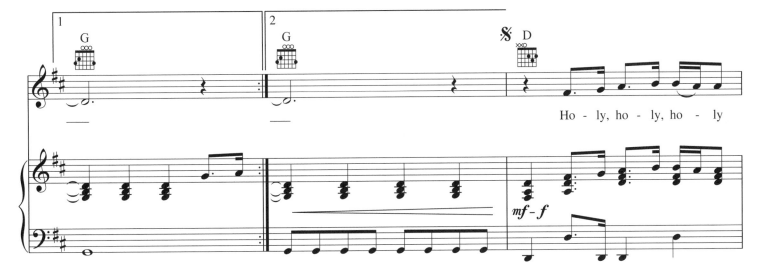

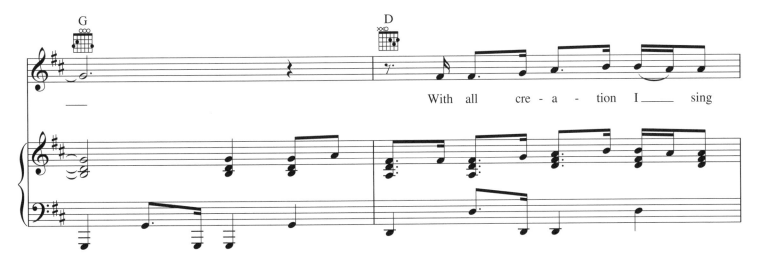

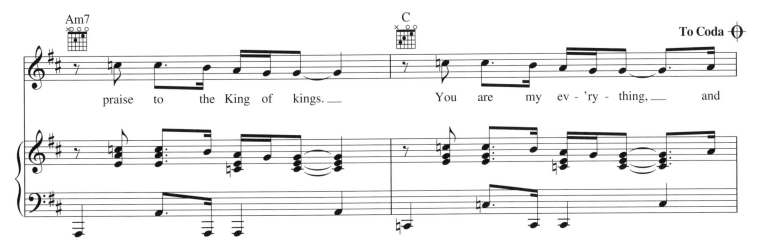

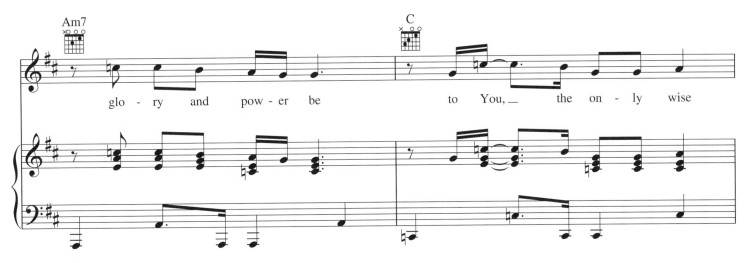

glo - ry and pow - er be to You, __ the on - ly wise

King, oh. _____

CODA

I will __ a - dore You. _____

I _____ will. I __ a - dore __

_____ You. _____ Filled with won - der,

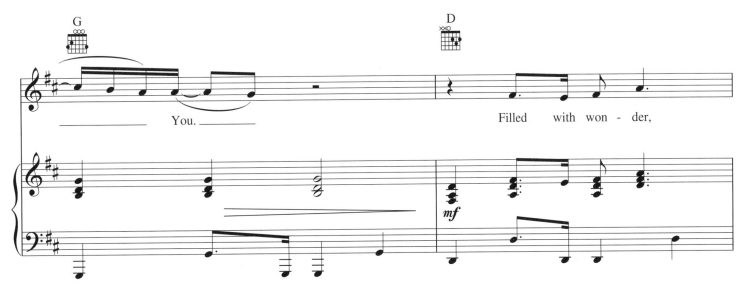

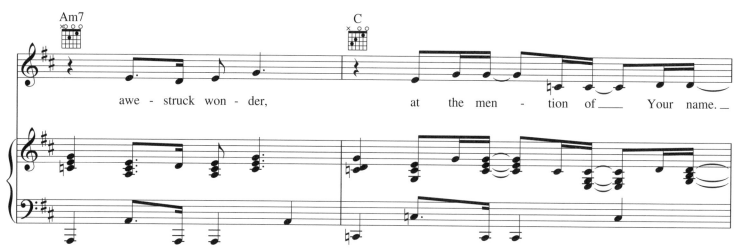

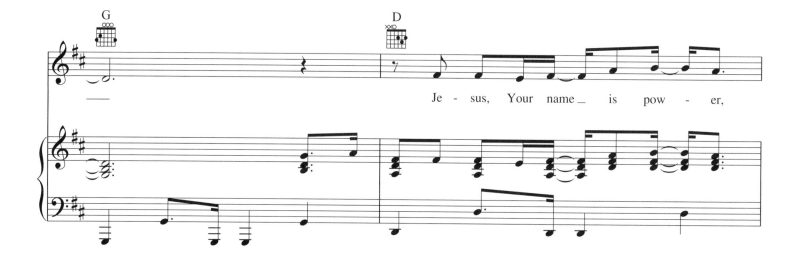

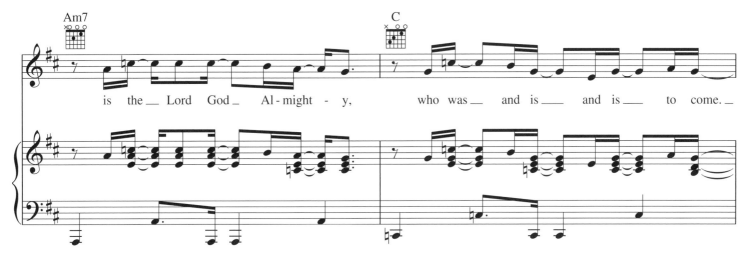

is the __ Lord God __ Al-might - y, who was __ and is __ and is __ to come. __

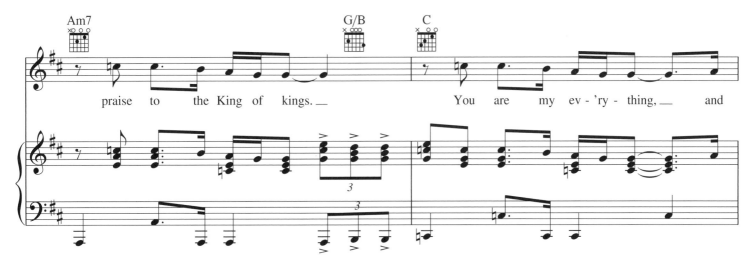

__ With all cre - a - tion I __ sing

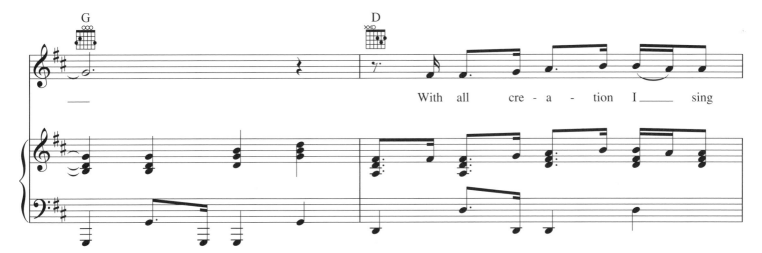

praise to the King of kings. __ You are my ev - 'ry-thing, __ and

I will __ a-dore You. I will __ a-dore You. __

SALVATION IS HERE

Words and Music by
JOEL HOUSTON

Driving Rock beat

*Recorded a half step lower.

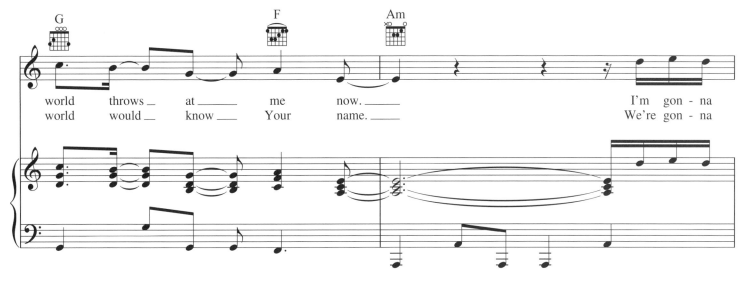

world throws _ at _____ me now. _____ I'm gon - na
world would _ know ____ Your name. ____ We're gon - na

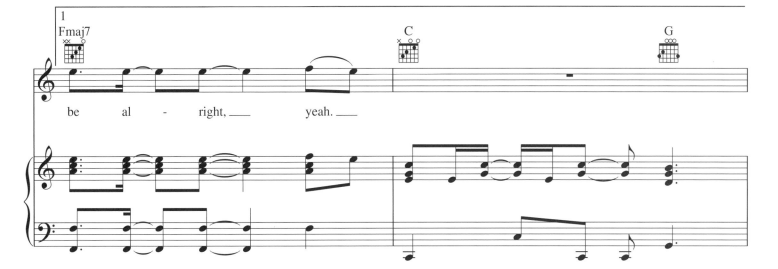

be al - right, ____ yeah. ____

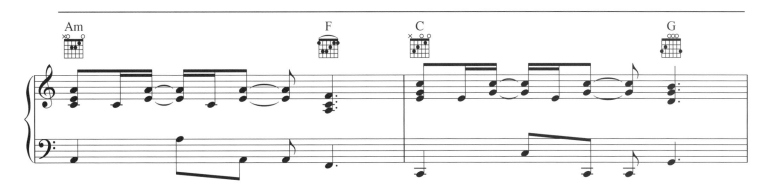

be al - right, ____ 'cause I

know my ___ God ___ saved the day, ___ and I know ___ His ___ Word ___

___ nev-er fails, ___ and I know ___ my ___ God ___ made a way ___ for me. ___

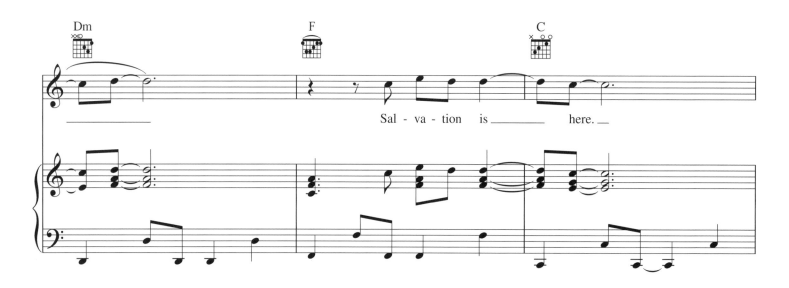

Sal - va - tion is ___ here. ___

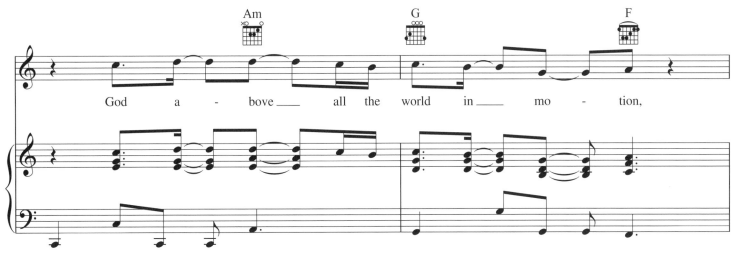

God a - bove ____ all the world in ____ mo - tion,

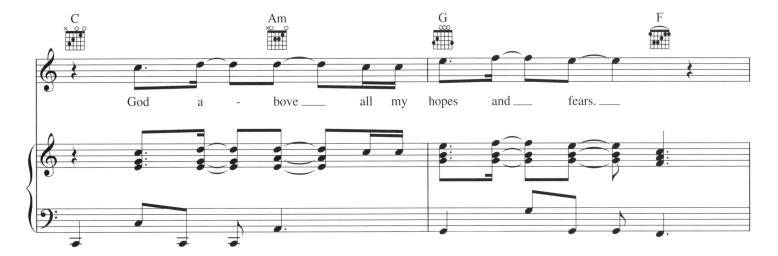

God a - bove ____ all my hopes and ___ fears. ___

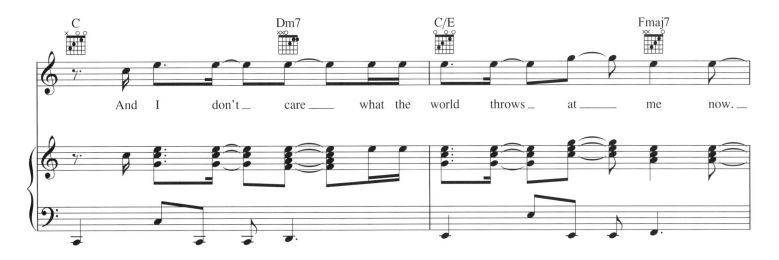

And I don't _ care ___ what the world throws _ at ____ me now. __

__ I'm gon - na be al - right, ___ 'cause I

know my ___ God ___ saved the day, ___ and I know ___ His ___ Word ___

___ nev - er fails, ___ and I know ___ my ___ God ___ made a way ___ for me. ___

1

We're gon - na be al - right, ___ 'cause I

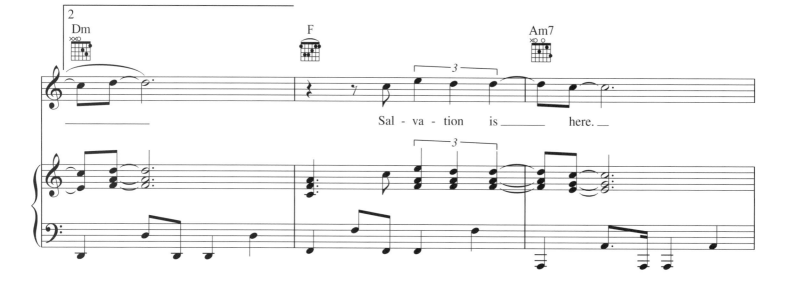

2

Sal - va - tion is ___ here. ___

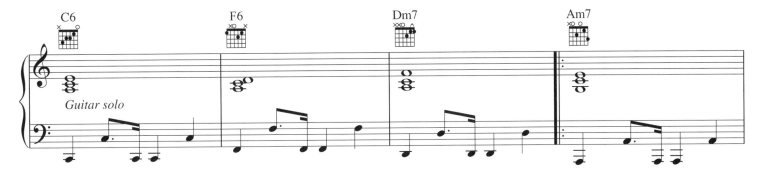

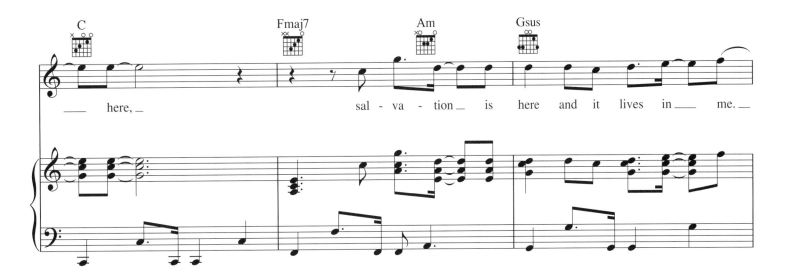

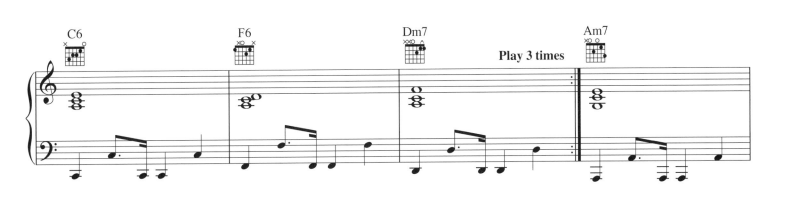

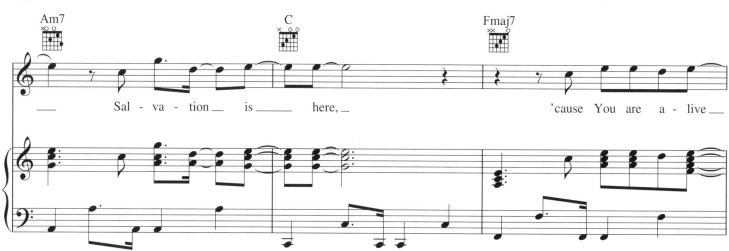

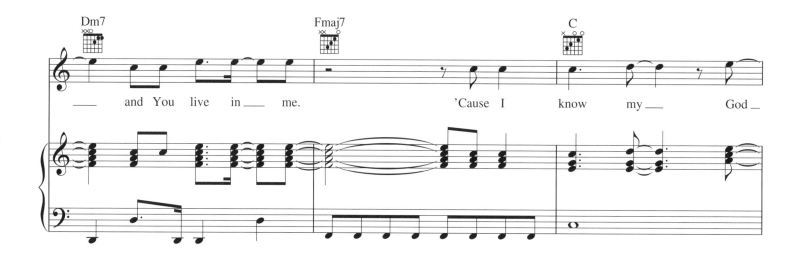

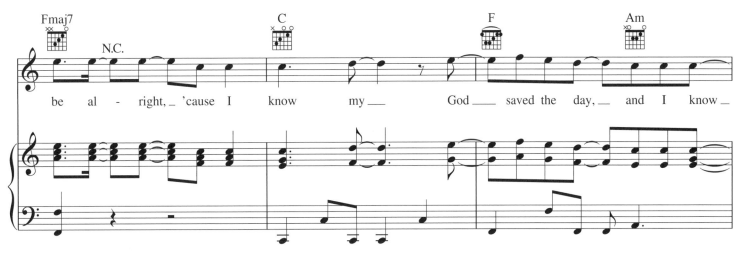

never fails, and I know my God made a way for me,

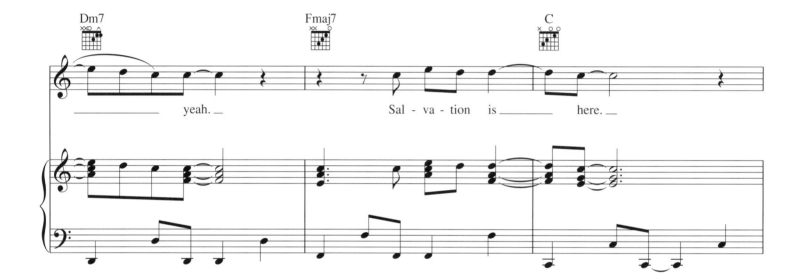

yeah. Sal - va - tion is here.

SAVIOUR KING

Words and Music by MARTY SAMPSON
and MIA FIELDES

Worshipfully

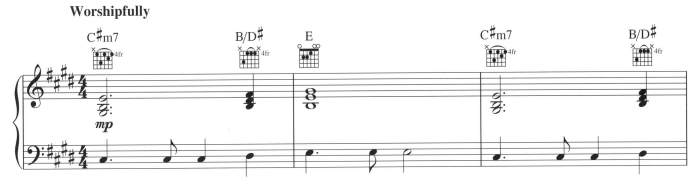

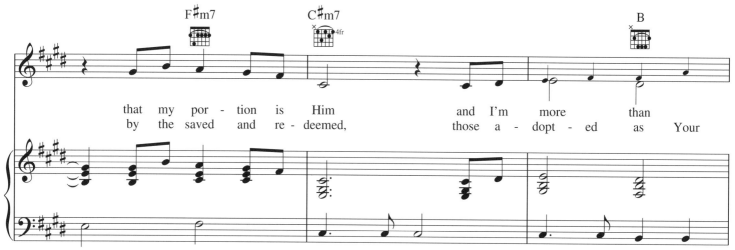

that my por - tion is Him
by the saved and re - deemed,
and I'm more than
those a - dopt - ed as Your

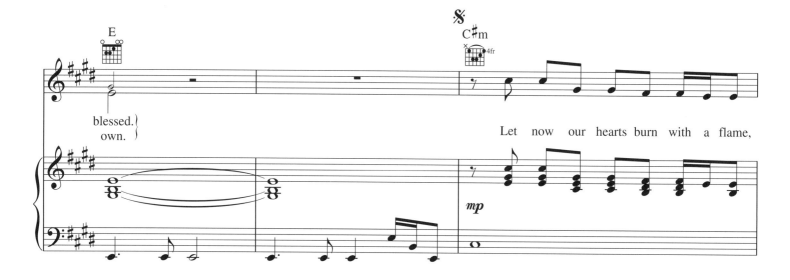

blessed.
own.

Let now our hearts burn with a flame,

mp

a fire con - sum - ing all for Your _____ Son's ho - ly name.

And with the heav - ens we de - clare: _ You are _ our _ King. _

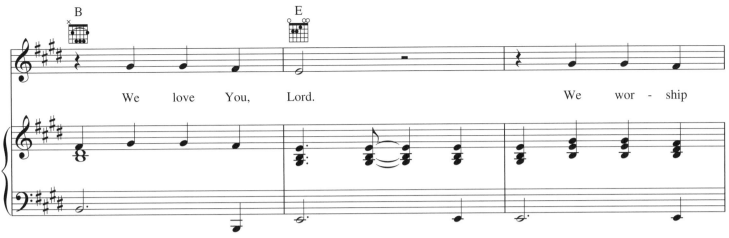

We love You, Lord.   We wor - ship

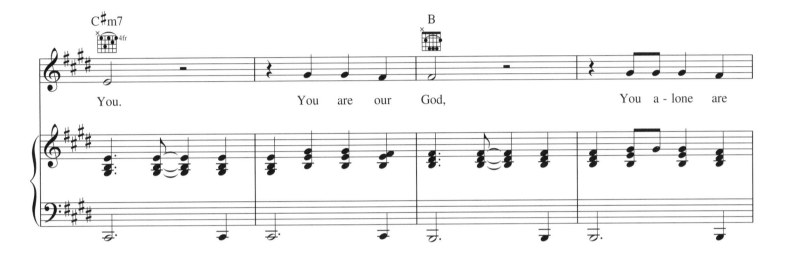

You.   You are our God,   You a - lone are

good.   Let now Your   You asked Your

Son   to car - ry this:

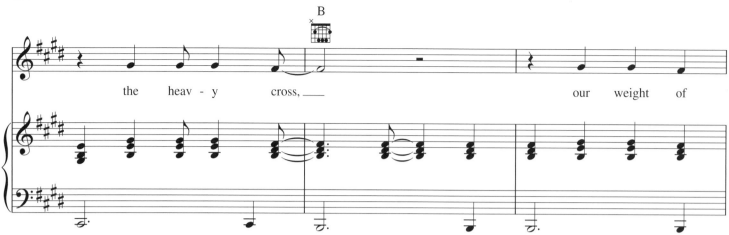

the heav-y cross, ___ our weight of

sin.
I love You, Lord.
life

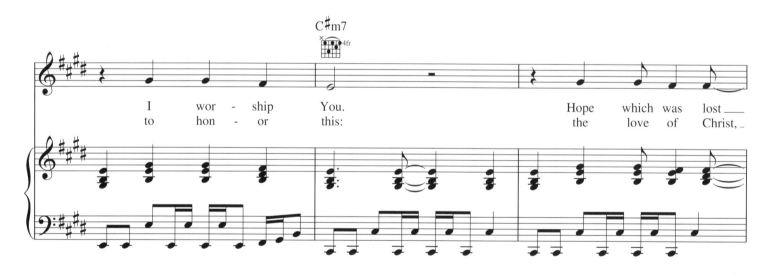

I wor-ship You.
to hon-or this:
Hope which was lost ___
the love of Christ, ___

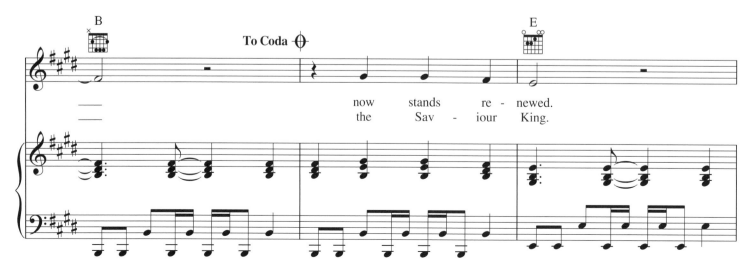

To Coda ⊕

now stands re-newed.
the Sav-iour King.

I give my

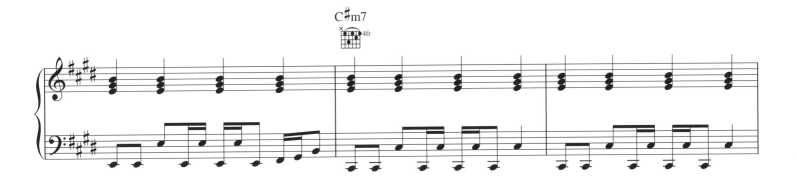

C#m7

B   Esus2

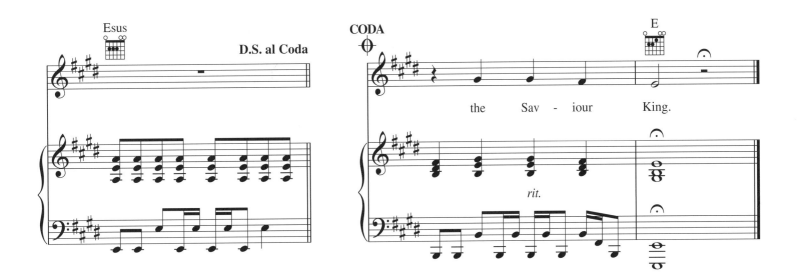

Esus   D.S. al Coda   CODA   E

the Sav - iour King.

rit.

STILL

Words and Music by
REUBEN MORGAN

With reverence

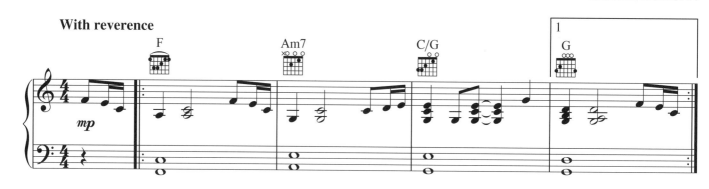

(1.) Hide me ___ now ___ un - der Your ___ wings. ___
(2.,3.) rest, my ___ soul, ___ in Christ a - lone. ___

Cov - er ___ me ___ with - in Your might - y hand. ___
Know His ___ pow'r ___ in qui - et - ness ___ and trust. ___

When the o - ceans rise and thun - ders roar, ___ I will soar with

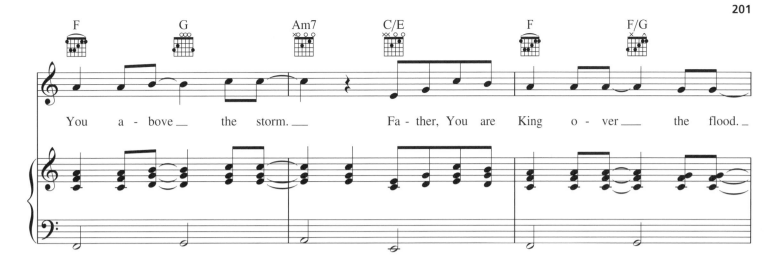

You a - bove __ the storm. __ Fa - ther, You are King o - ver __ the flood. __

__ I will be still __ and know You __ are God. __

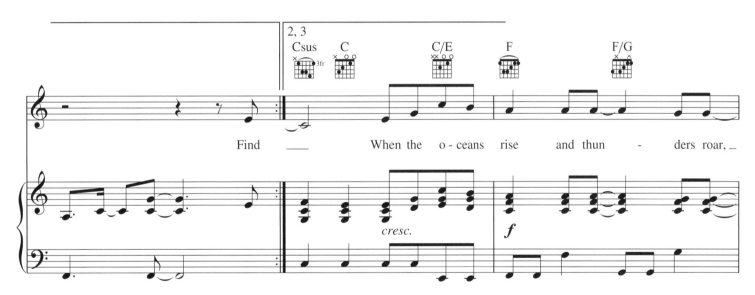

Find __ When the o - ceans rise and thun - ders roar, __

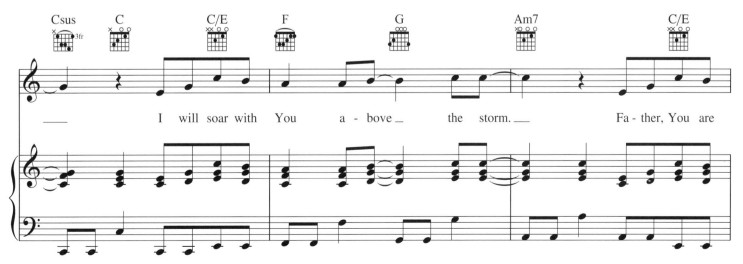

__ I will soar with You a - bove __ the storm. __ Fa - ther, You are

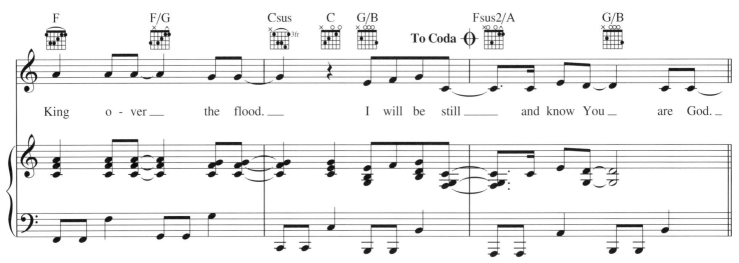

King o-ver __ the flood. __ I will be still __ and know You __ are God. __

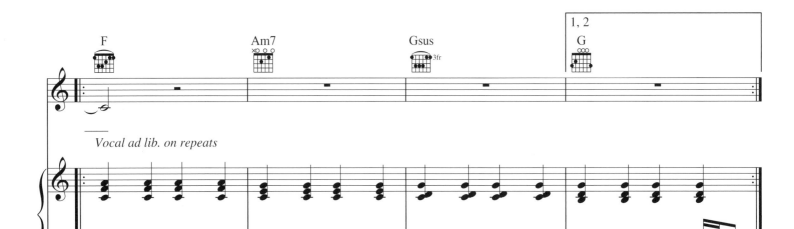

Vocal ad lib. on repeats

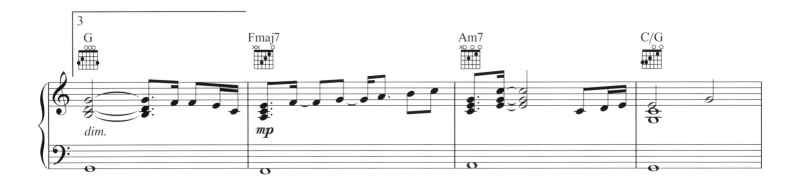

dim.   *mp*

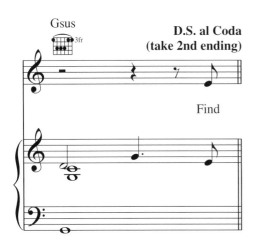

Find

__ and know You __ are God. __

YOUR NAME

Words and Music by PAUL BALOCHE
and GLENN PACKIAM

Powerfully

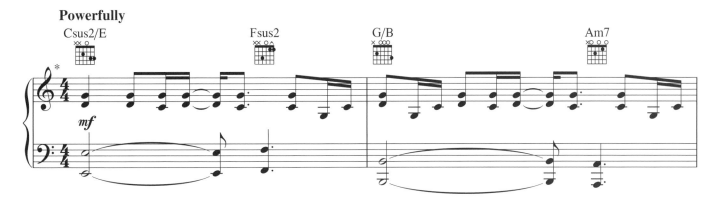

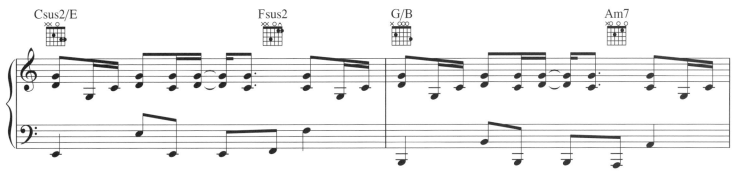

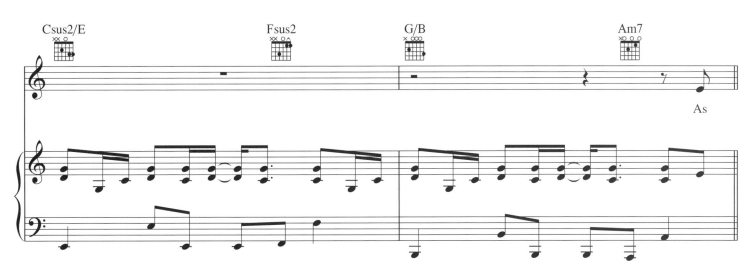

As

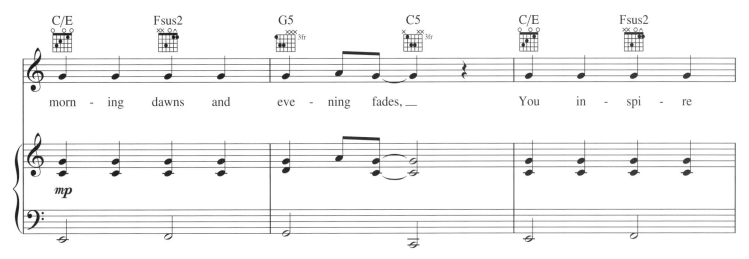

morn - ing dawns and eve - ning fades, ___ You in - spi - re

Recorded a half step lower.

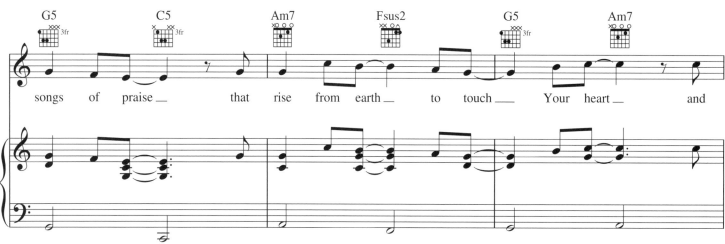

songs of praise ___ that rise from earth ___ to touch ___ Your heart ___ and

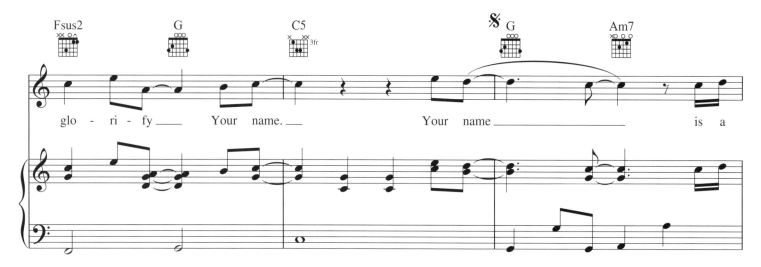

glo - ri - fy ___ Your name. ___ Your name ___ is a

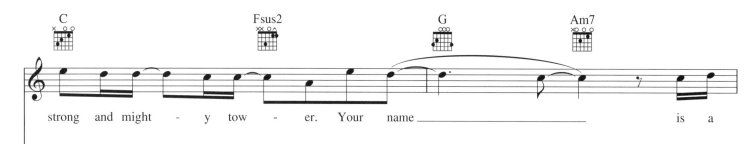

strong and might - y tow - er. Your name ___ is a

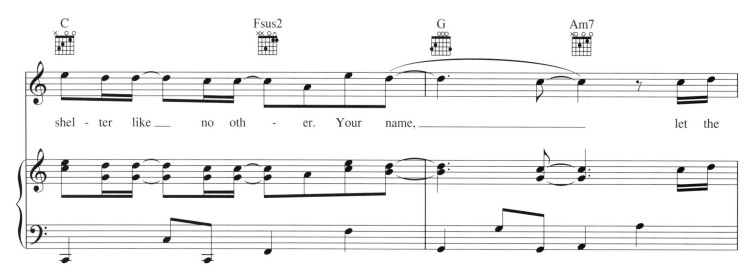

shel - ter like ___ no oth - er. Your name, ___ let the

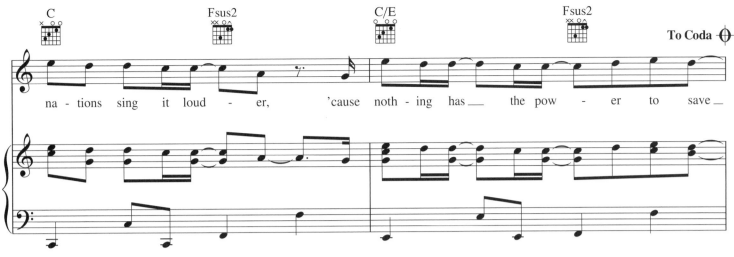

To Coda

na - tions sing it loud - er, 'cause noth - ing has ___ the pow - er to save ___

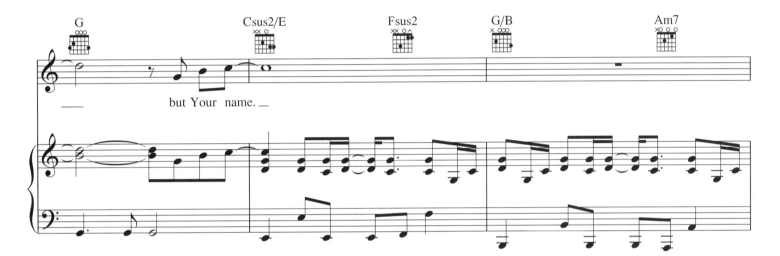

___ but Your name. ___

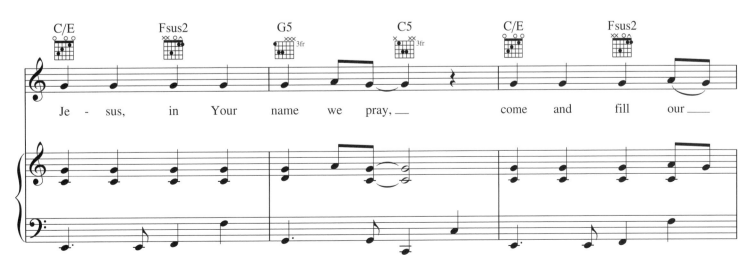

Je - sus, in Your name we pray, ___ come and fill our ___

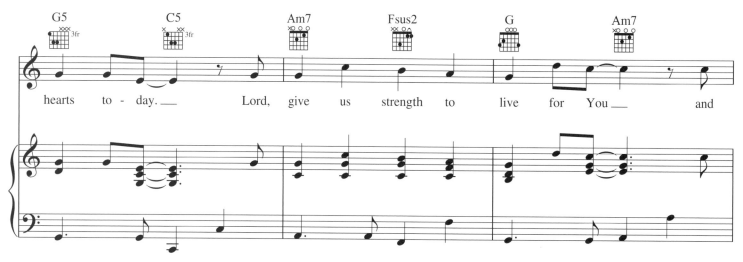

hearts to - day. ___ Lord, give us strength to live for You ___ and

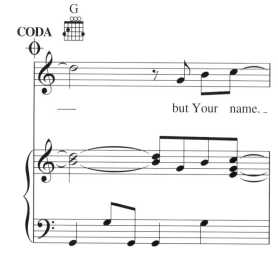

glo - ri - fy ___ Your name. _____ Your name ___   — but Your name. _

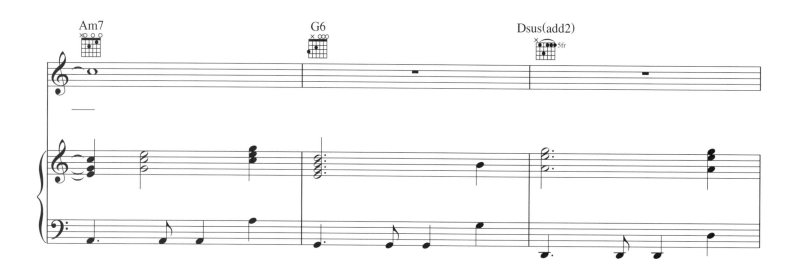

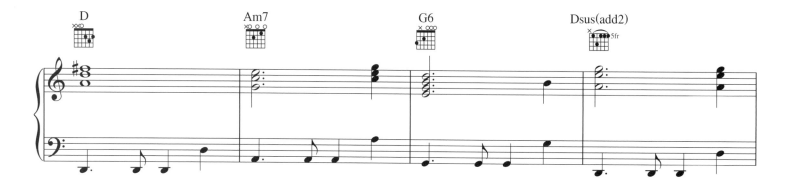

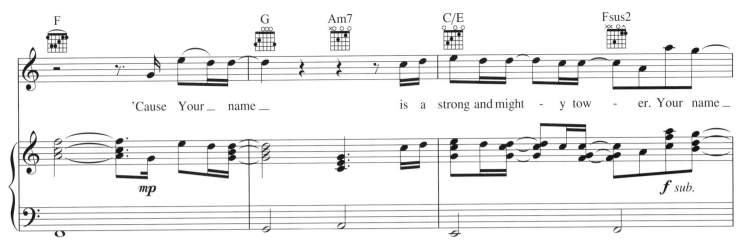

'Cause Your __ name __ is a strong and might - y tow - er. Your name __

is a shel - ter like __ no oth - er. Your name, __

let the na - tions sing __ it loud - er, 'cause

noth - ing has __ the pow - er to save. __ Your name __

is a strong and might - y tow - er. Your name

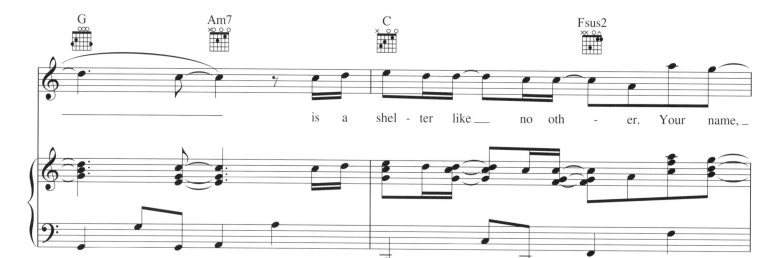

is a shel - ter like __ no oth - er. Your name, __

__ let the na - tions sing __ it loud - er, 'cause

noth - ing has __ the pow - er to save __ but Your name. __

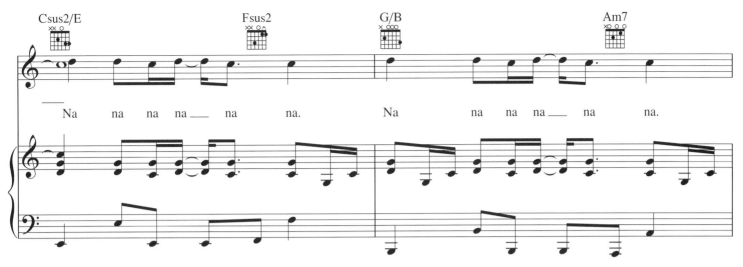

Na na na na na na. Na na na na na na.

Na na na na na na. Na na na na na na.

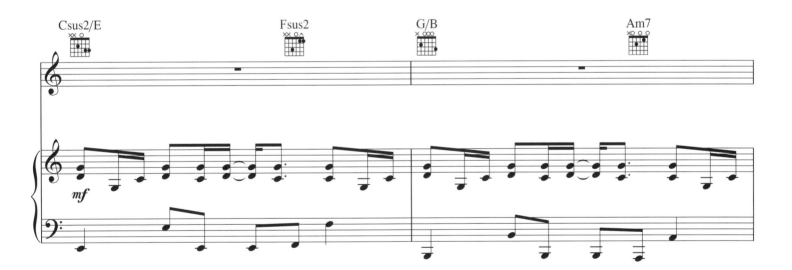

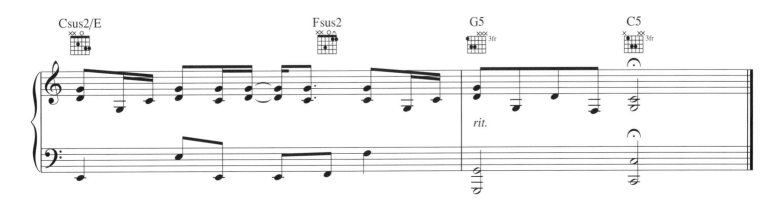

YOU, YOU ARE GOD

Words and Music by
MICHAEL WALKER BEACH

Here I am; ___ I've come to find ___
Here I am; ___ I've come to thank ___

___ You.
___ You.

Here I am ___
Here I am, ___

to see ___ Your grace, ___ to
a life ___ You've changed. ___ Be -

bring to You__ an of - fer - ing.__ I have to ask__ my - self__
cause You gave__ Your life__ for me,__ You cru - ci - fied__ Your Son__

__ one thing:__ How can I__ do an - y - thing__ but __
__ for me,__ how can I do an - y - thing__ but __

__ praise? __ I __ praise. __
__ praise? __ I __ praise. __

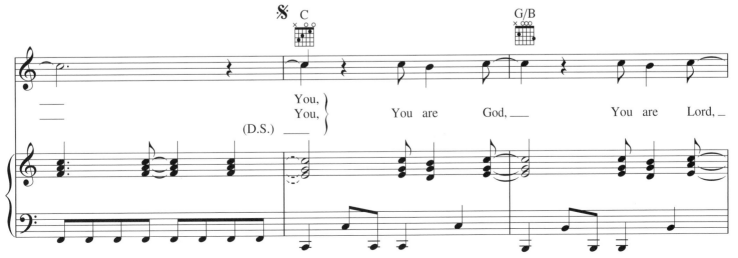

__ You,
You,
(D.S.) __ You are God, __ You are Lord, __

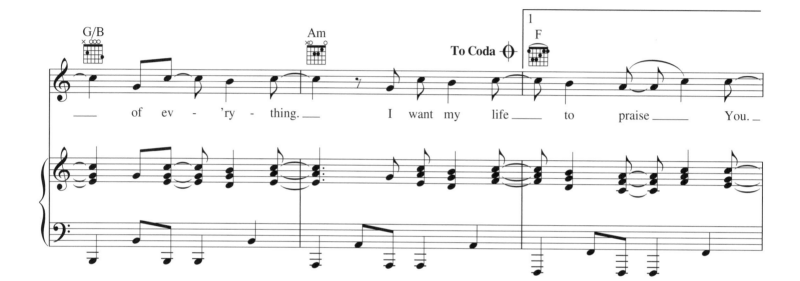

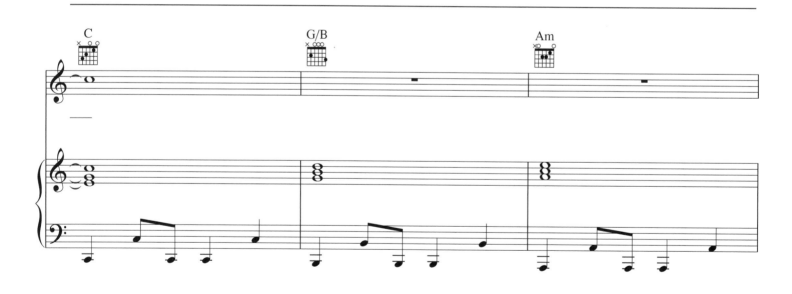

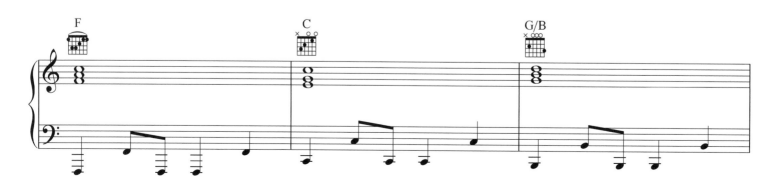

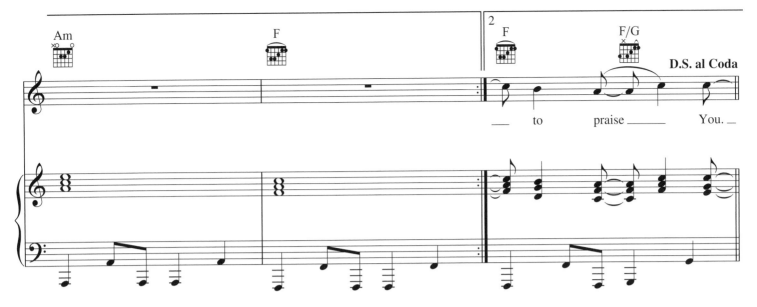

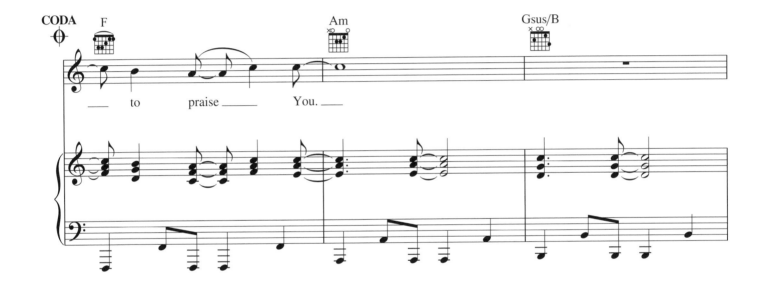

You, You are God, ___ You are Lord, ___ You are all ___

___ I'm liv - ing for. ___ You are King ___ of ev - 'ry - thing. ___

___ I want my life ___ to praise ___ You. ___ to praise ___ You. ___

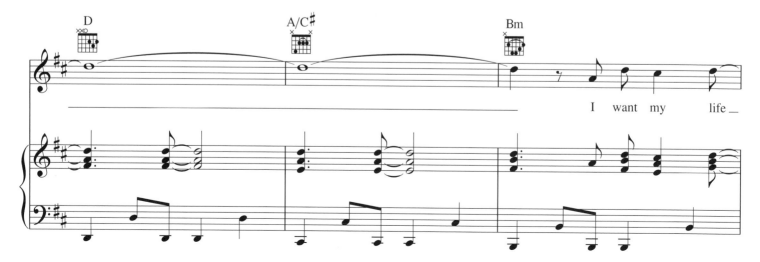

I want my life ___

to praise _____ You. _____

I want my life _____ to praise _____ You. ____

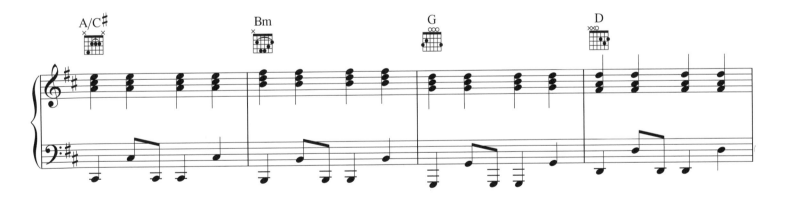

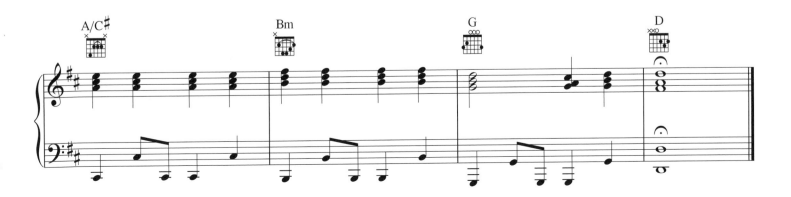

The Best Praise & Worship Songbooks

PAUL BALOCHE – OUR GOD SAVES

Matching folio to the live album recorded at his church in Lindale, Texas. 13 songs, including: God Most High • Great Redeemer • Hallelujah to My King • Our God Saves • Praise • Rock of Ages You Will Stand • The Way • Your Love Came Down • and more.

_____00306940 P/V/G......................................$16.95

LET THE PRAISES RING –
THE BEST OF LINCOLN BREWSTER

Christian guitarist/singer/songwriter Lincoln Brewster was born in Fairbanks, AK but migrated to L.A., Oklahoma, then Nashville for his music making. This folio features Brewster's best, including the hit singles "All to You," "Everlasting God," and 14 more.

_____00306856 P/V/G......................................$17.95

DUETS FOR WORSHIP

Intermediate Level • 1 Piano, 4 Hands

8 favorites for worship, including: Above All • I Give You My Heart • Open the Eyes of My Heart • Shout to the Lord • and more.

_____08745730 Piano Duet..............................$10.95

THE BEST OF HILLSONG

25 of the most popular songs from Hillsong artists and writers, including: Blessed • Eagle's Wings • God Is Great • The Potter's Hand • Shout to the Lord • Worthy Is the Lamb • You Are Near • and more.

_____08739789 P/V/G......................................$16.95

THE BEST OF INTEGRITY MUSIC

25 of the best praise & worship songs from Integrity: Ancient of Days • Celebrate Jesus • Firm Foundation • Give Thanks • Mighty Is Our God • Open the Eyes of My Heart • Trading My Sorrows • You Are Good • and more.

_____08739790 P/V/G......................................$16.95

COME INTO HIS PRESENCE

Features 12 beautiful piano solo arrangements of worship favorites: Above All • Blessed Be the Lord God Almighty • Breathe • Come Into His Presence • Draw Me Close • Give Thanks • God Will Make a Way • Jesus, Name Above All Names/Blessed Be the Name of the Lord • Lord Have Mercy • More Precious Than Silver • Open the Eyes of My Heart • Shout to the Lord.

_____08739299 Piano Solo..............................$12.95

GIVE THANKS –
THE BEST OF HOSANNA! MUSIC

This superb best-of collection features 25 worship favorites published by Hosanna! Music: Ancient of Days • Celebrate Jesus • I Worship You, Almighty God • More Precious Than Silver • My Redeemer Lives • Shout to the Lord • and more.

08739729 P/V/G......................................$14.95
08739745 Easy Piano.............................$12.95

THE BEST OF ISRAEL HOUGHTON

13 songs from the Grammy®- and multiple Dove Award-winning worship leader including his work with New Breed and Lakewood Church. Songs include: Again I Say Rejoice • Friend of God • I Lift up My Hands • Magnificent and Holy • Sweeter • Turn It Around • more.

_____00306925 P/V/G......................................$16.95

iWORSHIP 24:7 SONGBOOK

This album-matching folio features favorite worship songs by top artists, including: Again I Say Rejoice • Amazed • Hosanna (Praise Is Rising) • Love the Lord • Revelation Song • Your Name • and more.

_____00311466 P/V/G......................................$17.95

LET THE CHURCH RISE

25 Powerful Worship Anthems

This collection features: All the Earth Will Sing Your Praises • Days of Elijah • Hear Us from Heaven • Lord Most High • Shout to the Lord • Your Name • and more.

_____00311435 P/V/G......................................$14.95

DAYS OF ELIJAH –
THE BEST OF ROBIN MARK

Robin Mark's worship music blends traditional Irish instrumentation with the passion of modern worship. This compilation features 14 songs: Ancient Words • Days of Elijah • Lord Have Mercy • Revival • Shout to the North • and more.

_____00306944 P/V/G......................................$16.95

THE SONGS OF MERCYME –
I CAN ONLY IMAGINE

10 of the most recognizable songs from this popular Contemporary Christian group, including the smash hit "I Can Only Imagine," plus: Cannot Say Enough • Here with Me • Homesick • How Great Is Your Love • The Love of God • Spoken For • Unaware • Where You Lead Me • Word of God Speak.

_____08739803 Piano Solo.............................$12.95

MERCYME – 20 FAVORITES

A jam-packed collection of 20 of their best. Includes: Crazy • Go • Here with Me • I Can Only Imagine • In the Blink of an Eye • Never Alone • On My Way to You • Spoken For • Undone • Word of God Speak • Your Glory Goes On • and more.

_____08739862 P/V/G......................................$17.95

THE BEST OF DON MOEN –
GOD WILL MAKE A WAY

19 of the greatest hits from this Dove Award-winning singer/songwriter. Includes: Celebrate Jesus • God Will Make a Way • Here We Are • I Will Sing • Let Your Glory Fall • Shout to the Lord • We Give You Glory • You Make Me Lie down in Green Pastures • and more.

_____08739297 P/V/G......................................$16.95

PHILLIPS, CRAIG & DEAN –
TOP OF MY LUNGS

Our matching folio to the 2006 release by this popular CCM trio of full-time pastors includes the hit single "Your Name," the title song, and eight more: Amazed • Because of That Blood • I Will Boast • One Way • That's My Lord • more.

_____08745913 P/V/G......................................$16.95

Prices, contents, & availability subject to change without notice.